CÓMO CONVERTIRSE EN UN MÉDIUM

UNA GUÍA PASO A PASO PARA
CONECTAR CON EL OTRO LADO
POR MÉDIUM ESPIRITUAL

MARY-ANNE KENNEDY

LIBRARY TALES PUBLISHING

IMPRESO EN LOS ESTADOS UNIDOS DE AMÉRICA

LIBRARY TALES PUBLISHING
www.LibraryTalesPublishing.com
www.Facebook.com/LibraryTalesPublishing

Copyright © 2024 por Mary-Anne Kennedy
Todos los derechos reservados
Publicado en Nueva York, Nueva York

Queda prohibida la reproducción total o parcial de esta publicación, así como su almacenamiento en un sistema de recuperación de datos o su transmisión de cualquier forma o por cualquier medio, ya sea electrónico, mecánico, por fotocopia, grabación, escaneado o cualquier otro, salvo en los casos permitidos por los artículos 107 ó 108 de la Ley de Propiedad Intelectual de los Estados Unidos de 1976, sin la autorización previa por escrito del editor. Las solicitudes de autorización a la Editorial deberán dirigirse al Departamento Jurídico: Legal@LibraryTales.com

Marcas Comerciales: Library Tales Publishing, Library Tales, the Library Tales Publishing logo, y la imagen comercial relacionada son marcas comerciales o marcas registradas de Library Tales Publishing y/o sus filiales en Estados Unidos y otros países, y no pueden utilizarse sin autorización por escrito. Todas las demás marcas comerciales pertenecen a sus respectivos propietarios.

Para obtener información general sobre nuestros otros productos y servicios, póngase en contacto con nuestro Departamento de Atención al Cliente llamando al 1-800-754-5016, o fax 917-463-0892. Para obtener asistencia técnica, visite www.LibraryTalesPublishing.com

Library Tales Publishing también publica sus libros en diversos formatos electrónicos. Todos los contenidos que aparecen impresos están disponibles en libros electrónicos.

979-8894410098

Dibujos del artista residente en Vancouver y
expuesto internacionalmente Toni Latour.
www.tonilatour.com

ÍNDICE

	Agradecimientos	9
	Prólogo de Peggy Wewiora	11
	Prólogo del Autor	13
	Introducción	15
1	Vida y Muerte al Mismo Tiempo	23
2	Los Comienzos de un Viaje	31
3	Algunas Preguntas Muy Importantes	41
4	Trabajando con el Espíritu	51
	Parte 1: Tranquilizar la Mente	54
	Parte 2: Ejercicios de Desarrollo Psíquico	58
	Parte 3: Eleva tu Vibración	68
5	Signos, Símbolos y el Factor Confianza	73
6	Crear un Discurso de Apertura	81
7	El Marco de una Lectura	89
8	¿Y si Nada Tiene Sentido?	95
9	Mantener una Práctica Espiritual	103
10	Límites, Fronteras y Desconexión	111
11	Dar Sanación a través de la Mediumnidad	117
12	Algunas Palabras Finales desde el Espíritu	129

MARY-ANNE KENNEDY

DEDICATORIA

Para mi papá, cuya transición al espíritu fue un tremendo regalo de amor y transformación en mi vida.

Para mis hijos y mi esposo, cuyo amor y apoyo me permiten aprender, expandirme y progresar. Su amor es un regalo que considero sagrado.

Para mi familia, amigos y "hermanas del alma", cuyo aliento, apoyo y amor me nutren de maneras hermosas.

Y por último, para el espíritu. Gracias por confiar en mí para entregar sus palabras de sanación, su amor, a los que quedan atrás.

MARY-ANNE KENNEDY

AGRADECIMIENTOS

Este libro no sería posible sin el infinito amor y apoyo de mi marido, Ryan. Nos sentamos juntos muchas noches después de que nuestros hijos estuvieran en la cama, yo en un sofá escribiendo y él en otro dormitando. Ryan ha sido el padre solícito que se ha quedado en casa con nuestros dos bebés después de unos días de trabajo excepcionalmente ajetreados, todo ello para que yo pudiera participar en el gran número de experiencias que han llegado a dar forma a mis propias verdades espirituales y personales y, en última instancia, a este libro.

Me reúno con muchas personas maravillosas cada semana para lecturas privadas de mediumnidad y orientación espiritual. Durante muchos de esos encuentros, mi increíble madre, Esther, cuida al máximo de mis hijos, que quieren mucho a su Nanna, y yo también.

Mis dos hijos, August y Culzean, llenan mi vida con el tipo de amor que no puede describirse con meras palabras. Me inspiran cada día con su capacidad innata para conectar con el mundo espiritual. Y especialmente mi hija, que nunca tiene miedo de decir a quien quiera escucharla que ve las luces espirituales de nuestros seres queridos seguirla a todas partes: está tan en sintonía. Gracias a mis hermosos hijos, mi vida es rica. Siento una inmensa gratitud por mis hermanas y mi hermano, y por los demás familiares y amigos que han apoyado mi vida como Médium. Sé que no siempre es fácil oír hablar de experiencias con los queridos difuntos. Pero aun así me han querido y animado a compartir mi luz. Y por ello estoy agradecida.

Mi vida como Médium no sería posible sin esas personas maravillosas, mis clientes, que han confiado en mí para canalizar a algunas de las personas más importantes de sus vidas. Siempre me siento enormemente honrada de tender un puente entre este mundo y el siguiente, de demostrar que las almas sobreviven a la muerte, que el amor sobrevive. A lo largo de los años he aprendido que gran parte de lo que ocurre en el viaje de sanación está maravillosamente orquestado por el espíritu. Cuando pensamos que podríamos conocer o encontrar a alguien como un Médium por casualidad o tener una experiencia espiritual aparentemente aleatoria, el espíritu sabía desde el principio que estas cosas sucederían. Y les doy las gracias por el impresionante número de personas increíbles, sus seres queridos aquí en lo físico, que han enviado para sentarse conmigo.

Por último, debo dar las gracias a mis guías espirituales, ángeles y seres queridos del otro lado que, como faros, me han guiado a lo largo de todos mis viajes espirituales. Gracias a estos maravillosos viajes guiados por el espíritu, he llegado a saber que mi vida es increíblemente bella y está llena de tesoros. Gracias, mis guías, ángeles y seres queridos, por estar siempre disponibles y no abandonar nunca mi lado.

PRÓLOGO
Por Peggy Wewiora

Mi trayectoria vital ha estado llena de familia, mi marido, mi hija y amigos. Siempre he dicho que no me arrepiento de nada a pesar de los baches y las pérdidas personales. No me arrepiento, pero tampoco tengo una gran pasión, nada especial sólo para mí, sobre mí.

Hace varios años empecé a pensar en lo siguiente. Pensando, sí, pero sin cambiar nada. Comprendí que necesitaba encontrar mi lado espiritual, pero no hice nada para averiguar qué significaba eso.

El año pasado sufrí la pérdida de mi marido y, al cabo de unos meses, del marido de mi hija. En mi dolor busqué consuelo en la mediumnidad para tener la esperanza de oír del espíritu.

Esto fue lo que me condujo a Mary-Anne y me abrió los ojos y el corazón a nuevas posibilidades. Al conocer a Mary-Anne, ahora comprendo lo que necesito hacer para realizar mi ser espiritual. No sólo me ha conectado con seres queridos en el espíritu con una precisión asombrosa, sino que también me ha presentado métodos para sanarme a mí misma. Mi mundo físico se ha ampliado y me siento reconfortada.

Con su guía y apoyo, estoy aprendiendo a abrirme a lo que es posible. Lo más importante es que me ha descrito y mostrado el poder de la meditación, la base de una vida equilibrada y espiritual.

El viaje de mi vida ha añadido nuevos caminos de consuelo y sanación.

Y siento una gran gratitud por su guía y compasión. Sé que sus enseñanzas sentarán las bases para que otros mejoren su espíritu interior como lo ha hecho con el mío.

PRÓLOGO DEL AUTOR

Parece que hace toda una vida que mi libro, *Cómo Convertirse en Médium: Una Guía Paso a Paso para Conectar con el Otro Lado* se publicó por primera vez. Por aquel entonces, trabajaba tanto con clientes locales como con clientes internacionales, haciendo lecturas de mediumnidad privadas y en galerías. También enseñaba mediumnidad en talleres y clases de grupo, a la vez que criaba a una joven familia. Todo esto sigue siendo cierto, pero han cambiado muchas cosas.

La naturaleza del espíritu es la misma de siempre. Es amor. Y la forma en que nos comunicamos con ellos también es la misma: nada ha cambiado en los últimos años. Sin embargo, a medida que salimos de lo que esperemos sea el final de una pandemia global en 2022, la forma en que conectamos el espíritu con sus seres queridos aquí en el mundo físico ha cambiado enormemente. La forma en que nos comunicamos entre nosotros, de humano a humano, ha cambiado. En 2015, cuando se publicó por primera vez este libro, nueve de cada diez lecturas que realizaba eran en persona. Hoy, en 2022, y de hecho desde marzo de

2020, el cien por cien de todas las lecturas privadas, todas las lecturas en galerías, todas las charlas, han sido virtuales.

La gente me pregunta a menudo: "¿Sigue funcionando igual? ¿Puedes conectar con el espíritu por mí, aunque no estemos sentados juntos en la misma habitación?". A la mayoría le fascina que el proceso sea exactamente el mismo y que, como médiums, no necesitemos estar cara a cara con las personas para las que leemos. La verdad es que, en la comunicación espiritual, no estamos limitados por el tiempo y el espacio, por lo que los límites físicos o las separaciones son totalmente irrelevantes para el proceso.

A medida que han pasado los años y mi propia vida ha evolucionado y se ha ampliado de muchas maneras, me encuentro con la facilidad de poder editar capítulos de este libro o añadir otros. Compartir un mayor conocimiento e instrucción se profundiza con la experiencia, por lo que tiene sentido que, siete u ocho años después, esté en condiciones de querer hacer el material más sólido y más útil. Creo que la mayoría de los autores que publican una segunda edición piensan de forma similar. Pero a lo largo de los años, una gran cantidad de lectores han enviado cartas, correos electrónicos y reseñas compartiendo que este libro era JUSTO lo que necesitaban para iniciarse en la mediumnidad. Ni más ni menos. Y por este motivo, este libro sigue siendo el mismo que el original, y el aprendizaje de nivel superior para el médium más avanzado puede encontrarse en mi próximo segundo libro. Con el mismo entusiasmo que albergaba en mi corazón hace siete años, espero poder ayudarte en tu viaje con el espíritu.

INTRODUCCIÓN

"Ojalá pudiera hacer lo que tú haces". Lo he oído cientos de veces. Y mi respuesta es siempre la misma: "¡Puedes!". Sinceramente, ¡puedes! Soy médium espiritual y hablo con los difuntos más queridos. Cuando digo que tú también puedes hacerlo, no lo digo por alabar a ninguna de las personas maravillosas que conozco. Lo digo porque se me ha demostrado una y otra vez que cualquiera que quiera aprender a conectar con el espíritu, puede hacerlo. Aún no he conocido a ningún adulto que deseara percibir el espíritu que no pudiera hacerlo.

No digo que sea siempre un proceso fácil; a algunos les resulta fácil y a otros más difícil. Y como en cualquier otra cosa, a algunas personas se les dará mejor ser Médium que a otras. Pero dejando todo eso a un lado, si decides dedicarle el tiempo que haga falta, seguir el proceso, liberarte de las expectativas de llegar a un determinado lugar en un determinado momento y confiar en el espíritu de que lo que te ocurra está destinado a suceder, entonces tendrás éxito. ¡Lo conseguirás! Y si estás leyendo este libro, entonces voy a ayudarte a conseguirlo.

Este libro pretende iniciarte en el camino de la mediumnidad y la comunicación con los espíritus, y comienza con el mismo primer paso que la mayoría de los esfuerzos de desarrollo espiritual: la meditación. Si ya has iniciado tu viaje interior y has aprendido a meditar, no te preocupes: ¡este libro sigue siendo para ti! En esta guía paso a paso para conectar con el otro lado, aprender a meditar es sólo el primer paso de muchos.

Es importante que sepas que, a lo largo de los próximos capítulos, la información y la orientación que te presento se basan en mi conocimiento y sabiduría adquiridos a través de extensas experiencias con el espíritu. Y, como la mayoría de los practicantes o maestros espirituales, también he ampliado mi conocimiento y comprensión de los conceptos y teorías espirituales a través de muchas experiencias de aprendizaje vicario con otros maestros, mentores, colegas o textos espirituales. Al leer este libro, también aprenderás de estas dos formas distintas: indirectamente a través de mí como tu guía y maestro, pero también experimentalmente a través de los ejercicios presentados. Es a través de esta secuencia de aprendizaje como se adquieren el conocimiento y la sabiduría reales. El aprendizaje vicario nos lleva a la etapa de la creencia, que, como todos los aspectos del aprendizaje, es un paso esencial. Pero es a través del aprendizaje experiencial, de esas experiencias auténticas, genuinas, de primera mano, como se forman nuestras verdades -donde la creencia deja paso al saber-, donde ya no decimos que creemos en algo, sino que podemos decir que sabemos que es verdad.

Cada médium es diferente, y no creo que una forma de conectar con el espíritu sea mejor que otra, simplemente hay formas diferentes, y algunas te funcionarán y otras no (como ocurre con la mayoría de las cosas). Todos tenemos nuestras propias técnicas o enfoques personales que funcionan mejor para comunicarnos con el mundo espiritual y ofrecer una lectura poderosa. Por eso es importante que entiendas que lo que enseño en este libro es mi propio proceso de mediumnidad que me funciona, que inevitablemente será diferente del de los demás. Y te animo a que modifiques o alteres cualquiera de los ejercicios o sugerencias que hago para adaptarlos a lo que mejor funcione para ti. Al fin y al cabo, éste es el comienzo de tu viaje, ¡y tú eres el navegante de esta nave!

Has elegido este libro para aprender a ser un conducto entre este mundo y el siguiente. Y puede que tu motivación sea hablar con tus propios seres queridos del otro lado, o puede que sea comunicarte con los seres queridos de otras personas para contribuir a la sanidad y la comprensión aquí, en el mundo físico. O puede que no tengas ni idea de cuál es tu motivación ni de qué te gustaría hacer con las nuevas habilidades que estás a punto de aprender. Y en cualquier caso, no pasa nada. No tienes por qué tener todo tu viaje trazado. De hecho, con todas las cosas espirituales, es mejor no empujar el río (es decir, no impulsar un plan rígido), sino dejar que el río fluya por sí mismo. A lo largo de este libro te embarcarás en una aventura de descubrimiento, y parte de la aventura consiste en aprender lo que te funciona y lo que no, así que permítete experimentar y ¡diviértete!

No creo que a ningún maestro espiritual aquí en el mundo físico se le pueda llamar infaliblemente "experto" en espiritualidad. ¿Por qué no? Porque he aprendido que el trabajo, el conocimiento y la sabiduría espirituales son infinitos. Justo cuando has captado un concepto sobre cómo funciona el espíritu y la energía a gran escala, se te presenta algo nuevo y, a partir de ahí, puedes ampliarlo y expandirlo aún más. Por eso, como muchos otros maestros espirituales, no escribo este libro desde la posición de un autoproclamado experto en espiritualidad, porque no estoy convencido de que tal cosa exista. Sin embargo, sé que muchos de nosotros estamos más avanzados en nuestros viajes de crecimiento, sanación y expansión, y desde estas perspectivas podemos ofrecer enseñanzas, orientación y apoyo a los que aún no han llegado a ese punto. Mi intención y objetivo para este libro es que se convierta en una herramienta de importancia en tu aprendizaje de la mediumnidad.

Hay muchos modismos que se utilizan habitualmente para representar el lugar al que vamos cuando morimos. Para que lo entiendas al leer este libro, utilizaré indistintamente los términos cielo, más allá, espíritu, mundo espiritual y el otro lado para describir ese lugar.

Mi esperanza es que este libro te inicie en un camino de descubrimiento y experiencia, que te permita aprender a silenciar el diálogo interno que tan a menudo nos impide percibir el espíritu. Más de la mitad del proceso de aprendizaje de cualquier tipo de trabajo espiritual consiste en aprender a callar, por dentro y por fuera. Una vez que dominamos esta habilidad, somos más fácilmente capaces de separar el velo entre nuestro mundo y vibración (aquí en lo físico) y el del espíritu en lo etéreo. La otra mitad del proceso se dedica a aprender a percibir a los espíritus, a comunicarnos con ellos y a transmitir sus mensajes de forma precisa y amorosa a alguien que esté aquí y que quiera y necesite saber algo de sus seres queridos. Hay algunos temas de la mediumnidad en los que no profundizaré aquí, y están relacionados sobre todo con las energías inferiores, las apariciones o el trabajo de rescate de espíritus. En mi práctica profesional, no son aspectos del trabajo que hago (por elección), simplemente porque no están en mi vocación. Desde el principio, siempre he elegido trabajar sólo con espíritus que caminan exclusivamente en la luz. Hay algunos practicantes absolutamente excelentes que hacen un trabajo asombroso limpiando las energías inferiores, así que si esto es algo que tampoco te atrae, ¡déjaselo a ellos! Los practicantes espirituales trabajan juntos todo el tiempo, ¡no es posible que difundamos la luz nosotros solos! Pero dejando a un lado los límites de la comodidad, creo sinceramente que cuando trabajamos en la luz y seguimos su camino, es nuestro derecho de nacimiento estar a salvo, y nuestros ángeles y guías del mundo espiritual nos ayudan a cuidar de nosotros en ese sentido. Una vez que sabes esto, no hay espacio real para el miedo o la incomodidad.

En cuanto a los escépticos de ahí fuera, ¡los invito a seguir leyendo! No es mi intención ni mi deseo hacer cambiar de opinión a nadie sobre el espíritu y sobre la existencia o no del alma. He conocido y he hecho lecturas a bastantes escépticos o personas "indecisas", y creo que es algo saludable. Al fin y al cabo, no me creo sin más las cosas nuevas que me presentan. Si suenan a verdad, es decir, si mi yo superior o mi intuición reconocen la información de forma afirmativa, entonces la creo. Pero para saber realmente que algo es cierto, tengo que experimentarlo por mí mismo. Sin embargo, con respecto a los escépticos, diré lo siguiente: Algunas de las transformaciones más bellas a través de las experiencias de mediumnidad nacen de quienes tienen menos probabilidades de ser transformados.

Antes de aprender a ser médium, tuve experiencias positivas con otros médiums que me llevaron a decirme: "Debe de ser verdad, porque es imposible que supieran todas esas cosas". Pero aun así, nunca se convirtió en verdad para mí hasta que lo hice yo misma, hasta que tuve la experiencia de primera mano de ver, sentir y hablar con un ser que no existía como tú y yo aquí sentados. E incluso entonces, todo lo que me mostraban tenía que ser validado sistemáticamente como correcto o verdadero por alguien que los supiera aquí, en el mundo físico. Cuando eso ocurrió, una y otra vez, se formó mi propia verdad personal: Primero somos espíritus o almas, existe una continuación de la existencia de nuestros espíritus y almas después de la muerte física, y que la comunicación entre los mundos físico y espiritual es posible y ocurre todo el tiempo.

También es mi experiencia y observación lo que me dice que no sólo se produce comunicación espiritual continuamente, sino que el velo (la distinción o punto de separación entre el mundo físico y el mundo espiritual) es cada vez más fino, casi a diario. Esto significa que cada vez más personas conectan con el otro lado y toman conciencia de él. ¿Te has dado cuenta de que las conversaciones sobre médiums o señales de seres queridos que han cruzado al otro lado son cada vez más frecuentes? Es la prueba de que se está produciendo un cambio espiritual, en una dirección positiva, a gran escala. ¡Qué maravilla!

A menudo me preguntan: "¿Cómo supiste que tenías este don?". Y así es como respondo siempre Yo no llamaría don a lo que hago. Preferiría llamarlo habilidad o destreza. Para mí, la palabra "don" implica que soy especial o único por el trabajo que hago. Pero eso no es cierto para mí. Como ya he dicho, aunque algunas personas son sin duda mejores médiums que otras, mi experiencia demuestra que cualquiera que tenga un auténtico deseo de conectar con el mundo de los espíritus puede aprender a hablar con los muertos. No hace falta ser "especial" o "elegido" para hacerlo... a menos que consideres a cualquiera y a todo el mundo como especial y elegido, ¡lo cual no es malo!

Pero no se me escapa ni por un segundo que trabajar como Médium y ser capaz de conectar a la gente de aquí con sus seres queridos en espíritu es algo muy especial. Los médiums son una especie de sanadores espirituales y emocionales, porque la mediumnidad, para quienes la experimentan, puede ser increíblemente sanadora. Saber que nuestros seres queridos no han muerto ni se han ido, sino que siguen existiendo y están vivos y bien en el mundo espiritual, es increíblemente reconfortante y nos da una paz tremenda.

Otra pregunta que me hacen a menudo es si nací Médium o no. En resumidas cuentas, no lo sé. No tengo conocimiento de primera mano de que alguien de mi ascendencia fuera médium o tuviera otras habilidades espirituales. ¿Significa eso que no hubo nadie en mi familia antes que yo que fuera Médium? Tal vez. Pero quizá no. En cualquier caso, nunca lo sabré con certeza con pruebas verificables, así que para mí, realmente no importa. Quiero que sepas ahora mismo que nacer Médium no es un requisito previo para tener éxito como tal. Así que si alguna vez has pensado: "No nací en una familia de Médiums, y nadie de mi linaje era clarividente, así que no puedo hacer mediumnidad", olvídalo: no es cierto... ¡créeme!

Suscribo la idea de que planificamos las principales lecciones de nuestra vida que necesitamos aprender a nivel del alma, y también sé que tenemos temas o atributos que conforman lo que hacemos o damos al mundo en esta vida. Y aunque cada día es una nueva experiencia de aprendizaje y la vida se desarrolla constantemente, me siento cómoda y feliz sabiendo que parte de mi contribución a las personas de mi vida (amigos, familia, clientes y tú) es tender un puente entre el mundo espiritual y nosotros aquí en lo físico.

CAPÍTULO 1
Vida y Muerte al Mismo Tiempo

En lugar de empezar por el principio de mi vida física, empezaré por el principio de mi vida espiritual. Pero te hablaré un poco de mis años de juventud en lo que se refiere a la espiritualidad.

Fui educada como católica romana por mis maravillosos y cariñosos padres. Se dedicaron a enseñarnos (a mí y a mis tres hermanos) a ser personas amables y trabajadoras. Y creo que es un tremendo reconocimiento de su éxito como padres que todos sus hijos sean de hecho amables, trabajadores y tengan éxito en multitud de aspectos. ¡Me quito el sombrero ante mi mamá y mi papá!

Aún recuerdo perfectamente cuando mi mamá organizó una fiesta psíquica en nuestra casa. Yo tenía once años y me sentí inexplicablemente atraída por este acontecimiento (ninguno de mis otros hermanos estaba muy intrigado). Ahora sé que no fue una coincidencia que mi mamá hiciera venir a la vidente a casa, sino una sincronicidad en estado puro. Fue el comienzo del desarrollo de mi vida espiritual.

Unas semanas antes de la fiesta, estaba viendo un programa de entrevistas sobre unos adolescentes cuyos padres eran paganos practicantes (wiccanos, concretamente). Durante el programa, los invitados hicieron un gran trabajo disipando mitos sobre las brujas y el trabajo con la energía oscura, y se aseguraron de destacar las cualidades más maravillosas y hermosas del modo de vida wiccano. Así que el día de la fiesta psíquica en mi casa, me armé de valor para preguntar a la lectora psíquica si sabía algo sobre la Wicca. Y, por si no lo sabías, lo sabía. Bueno, más o menos. Tenía una amiga que practicaba la Wicca en solitario y, con la bendición de mi mamá, me dio el nombre y el número de teléfono de su amiga.

Poco después, nos conocimos y gané una maestra y mentora en religión basada en la Tierra. Sorprendentemente, ¡todavía seguimos conectados como amigas! Mantuve mi aprendizaje en secreto para mi padre, pero mi mamá, mi roca que siempre me apoyaba, se dio cuenta de que me llamaban a este estudio y me permitió explorar y expandirme. ¿Qué suerte tenemos cuando, de jóvenes, nuestros padres nos permiten alimentar lo que nos pide el alma? Por mi parte, estoy verdaderamente agradecida por ello.

Empecé a practicar la meditación y estudié intensamente todo lo que caía en mis manos relacionado con el ocultismo, la magia, las runas, las hierbas, el espíritu, los fantasmas y la lista continúa. Recuerdo haberme encontrado con espíritus dos veces de niña, aunque la forma en que los percibía es muy distinta de cómo los percibo hoy. Por aquel entonces, los veía igual que te veo a ti: en una forma muy densa y física. Hoy, veo al espíritu o bien en el ojo de mi mente, o bien veo las luces (energía) del espíritu con mis ojos físicos, despiertos.

Mi primer encuentro con espíritus de joven fue en casa de una amiga, donde solía pasar mucho tiempo. La mamá de mi amiga también solía ver a una vidente, y ésta le dijo que había espíritus en su casa. Un día, cuando tenía once o doce años, mi amiga y yo estábamos hablando de espíritus y mirando algunos de mis libros de fantasmas en la habitación de sus padres, cuando las dos nos volvimos para ver a un chico joven con un viejo sombrero de "newsies" en el armario. Nos quedamos mirándole fijamente, diciéndonos "¿ves eso?", y él se limitó a devolvernos la mirada. Tras unos minutos de intercambiar miradas, ¡salimos de la habitación gritando! A día de hoy, no tengo ni idea de quién era aquel chico ni por qué estaba allí.

Mi segundo encuentro con un espíritu fue tras el fallecimiento de mis abuelos maternos. Murieron muy juntos, y no mucho después, ambos se sentaron en el extremo de mi cama -¡sentí que la cama se hundía y todo! Fue asombroso porque, aunque en realidad no podía verlos, sabía intuitivamente que eran ellos, y no tuve miedo.

Quizá te preguntes por qué ha cambiado mi forma de percibir a un espíritu de cuando era más joven a ahora. Bueno, aparte del hecho de que nuestras capacidades espirituales cambian y evolucionan constantemente, tomé una decisión clara cuando establecí mis límites con el espíritu como adulta (de la que hablaré un poco más adelante): no quiero verlos de forma física. Es sólo una preferencia, y el espíritu ha respetado mis límites hasta ahora... con la pequeña excepción de un perro espiritual que una vez vi caminar, claro como el día, por un pequeño estacionamiento. Pero no pasó nada, era lindo y no me importó.

Mi práctica pagana continuó durante más de quince años, y fue maravillosa. Durante la adolescencia y los primeros años de los veinte, pasé por las pruebas y actitudes habituales de los jóvenes, y en muchas ocasiones no practicaba con regularidad, si es que lo hacía. Pero solía encontrar el camino de vuelta a mi altar y volver a centrarme.

Entonces, una fría y soleada mañana de febrero, cuando tenía veintiocho años y mi hija seis meses, murió mi padre. Y justo en ese momento, toda mi práctica y todas mis creencias terminaron.

Junto con mis hermanos y mi madre, me senté con mi padre mientras exhalaba su último aliento. Realmente fue un momento que, de un modo inquietante, nunca podrá desvanecerse de la memoria. Pero también fue un tremendo honor estar en presencia de alguien que se estaba muriendo para que no estuviera físicamente solo. Estoy sinceramente contenta de haber podido dar amor y apoyo a mi padre hasta el final de su vida física.

Tras la muerte de mi padre, desafiaba abiertamente al mundo de los espíritus para que me lo demostraran. Estaba enojada, enfadada porque mi padre se había ido. Veía programas de telerrealidad que buscaban pruebas de fantasmas o espíritus para ver si me convencían. Y nunca lo conseguí. Verás, siempre había creído que seguimos viviendo después de la muerte, pero después de perder a mi padre, ya no quería creer. Creer no era suficiente. Sin saberlo con certeza, la vida después de la muerte ya no era real para mí. Quería tanto a mi padre y anhelaba tanto sentirle o saber que estaba allí, y parte de mi dolor consistía en no aceptar nada que no fuera una prueba irrefutable de que seguía existiendo. En el duelo, a algunas personas les parece bien creer. Pero yo no. Tenía que saberlo, de un modo u otro.

Si puedes, imagina en un momento la alegría de tener a tu primogénito, mirarlo a los ojos y ver salud, inocencia, belleza. Y en el momento siguiente, ves a tu padre empapado de ansiedad y miedo a morir. Verás, mi padre tenía cáncer de pulmón y enfisema, y literalmente luchaba por respirar cada día. En los últimos seis meses de su vida aquí en el mundo físico, no pasó un solo día en el que no sintiera pánico ante la idea de que se estaba muriendo. Ser testigo de la lucha de mi padre produjo en mí un nivel de ansiedad y miedo que nunca imaginé. Pero hasta después de su muerte no me di cuenta del terrible lugar en el que me encontraba: emocional, psicológica y espiritualmente.

Tras la transición de mi padre al espíritu, sufrí bastante miedo a la enfermedad y miedo a la muerte. Lo interesante era que mi miedo a la enfermedad y a la muerte tenía muy poco que ver con lo que me pasaría a mí, y todo que ver con imaginar qué le pasaría a mi hija si yo falleciera. Ella tenía una edad en la que nadie podía explicarle lo que me había pasado o por qué no volvía a casa. Me pasaba las noches en vela atormentada imaginando lo que pasaría por su pequeña mente si tuviera que preguntarse qué le había pasado a mamá.

Cada pequeño dolor de mi cuerpo me ponía en alerta de que algo importante estaba mal. Lo más interesante es que he conocido a tantas madres a lo largo de los años que empezaron a sufrir los mismos miedos poco después de tener hijos. Me siento muy afortunada de haber sanado a mi manera, porque sé lo difícil que es llegar a donde estoy ahora.

Mirando atrás, reconozco que me propuse rodearme de personas que reconocían mi ansiedad hasta el punto de apoyarla, de permitirla. Y aunque esas personas me daban ese apoyo por amor, en realidad no era bueno para nadie. La mayoría de las conversaciones en torno a mi cocina, que era una especie de centro familiar, giraban en torno a las preocupaciones, a las cosas malas que ocurrían en la vida de la gente y a alimentar el miedo. Esto continuó durante algún tiempo y, muy lentamente, mis estados emocionales y espirituales empezaron a afectar a mi cuerpo físico.

Una mañana, no mucho después de la transición de mi Papá, me desperté y todos los músculos de mi cuerpo se sacudían aleatoriamente. Puedes imaginarte, dado mi estado, lo aterrador que fue para mí. Después de médicos y especialistas y de todas las pruebas que se pudieron hacer, nada era anormal. Todos los médicos me dijeron que la causa probablemente tenía su origen en el estrés. Recuerdo que pensé que hasta entonces había conseguido evitar que el estrés y la ansiedad se manifestaran físicamente en mi vida. Pero ahora por fin me había alcanzado, y la verdad es que me sorprendió que hubiera tardado tanto.

Toqué fondo cuando mi marido, Ryan, salió a pasar una "noche de chicos", que tanto se merecía. Yo estaba en casa con mi hija y mi perrito Jackson, y acababa de hablar por teléfono con una amiga. Mantuvimos una conversación sobre nuestras ansiedades y miedos, que alimentó con mucho éxito los estados de ánimo negativos del otro. Al igual que "la miseria ama la compañía", lo mismo ocurre con la ansiedad. A los pocos minutos de colgar el teléfono, sentí náuseas, temblores, las manos entumecidas, el corazón acelerado y pánico.

Ya me había ocurrido una vez una versión más leve de esto, así que sospeché que era algo parecido a un ataque de ansiedad. Llamé a mi hermana, que siempre me apoyaba mucho durante mis periodos de ansiedad. Y gracias al cielo por ella, porque me habló durante quince minutos muy aterradores, que por cierto estaban ocurriendo delante de mi hija pequeña. Hice todo lo que pude para distraerla con la televisión y un bocadillo y, hasta el día de hoy, estoy segura de que no tenía ni idea de lo que me estaba pasando. Pero a pesar de toda la locura que ocurrió en mi habitación aquella noche, este suceso se convirtió en el momento crucial de mi vida que me impulsó a cambiar.

Tenía que hacer algo. La sola idea de que pudiera volver a ocurrir algo parecido delante de mi hija me asustaba. Una amiga mía (irónicamente la misma con la que estaba manteniendo la conversación telefónica que desencadenó mi ataque de ansiedad) me sugirió un acupunturista de la zona que posteriormente había obrado milagros con su ansiedad. Así que reservé una cita y, literalmente, sin más, mi vida empezó a cambiar.

MARY-ANNE KENNEDY

CAPÍTULO 2
Los Comienzos de un Viaje

Salí de mi primer tratamiento de acupuntura muy consciente de que ya no tenía los pensamientos de miedo que estaba acostumbrada a tener. Mi acupunturista también me introdujo en la Medicina Tradicional China (MTC), que empecé a tomar ese mismo día.

Durante algún tiempo fui al acupunturista dos veces a la semana, y luego pasé a una vez a la semana, luego a una vez al mes, y luego de vez en cuando cuando sentía que necesitaba una afinación energética, por así decirlo. Ojalá pudiera decirte que es así de fácil: vas a ver a alguien, te hace todo el trabajo y ya estás mejor. Pero no puedo hacerlo con un corazón honesto.

Muy poco después de empezar el tratamiento de acupuntura para la ansiedad y el miedo importantes, también empecé a asistir a clases de meditación y desarrollo psíquico. La forma en que me topé con estas clases también fue una sincronicidad perfecta -no creo en las coincidencias.

Me ofrecí como voluntaria como correctora de textos para una revista comunitaria y me encontré con un anuncio en la versión en blanco y negro de la revista que estaba editando. Decía: "Clases de Meditación y Desarrollo Psíquico - Inscríbete para la Sesión de Invierno". En el momento exacto en que lo leí, una luz parpadeó en mí: algo cambió. Sabía de los beneficios de la meditación para las personas con ansiedad o estrés, así que consulté el sitio web y me inscribí. Fue la perfección en su máxima expresión para mí estar en mi peor momento y, como un faro, haber visto el camino iluminado para mí. Créeme, no me resultó fácil convencerme de salir de casa, aunque sólo fuera una noche a la semana, para estar con un grupo de desconocidos que podían o no ser acogedores o amistosos. Pero ese destello de luz... me empujó fuera de mi zona de confort y hacia el camino que estaba destinada a iniciar ese día. Mirando hacia atrás, nunca había sido alguien que ignorara esa corazonada o intuición, y sigo sin hacerlo. Intenta no ignorarla nunca: nos sirve de mucho.

Antes de empezar mis clases en una escuela espiritual local, me senté a hacer mi primera lectura de mediumnidad en el mismo lugar. Me senté con una Médium de talla mundial e increíblemente talentosa.

Recuerdo lo primero que dijo cuando me senté: "Veo a alguien sentado en un rincón, en "su" silla, con una taza de té en la mano y relajándose. ¿Puedes entenderlo?" Me cautivó al instante, y en ese primer momento supe que mi padre estaba presente. Mi padre siempre se sentaba en "su" silla con las piernas levantadas, normalmente bebiendo el té que le preparaba mi mamá. ¡Qué manera más perfecta y reconocible de mostrarse! Estaba deseando ver qué más iba a decir.

Tras sentarse con él durante más de dos horas, la Médium aportó pruebas excepcionalmente precisas de que se estaba comunicando con mi Papá. Algunas de las cosas de las que habló fueron fechas especiales, nombres, cosas que mi padre había visto suceder en mi vida desde su fallecimiento, y realmente dio vida a la personalidad y naturaleza de mi padre. Me sentí cautivada. Y la experiencia me animó de tal manera que no podía seguir siendo la misma persona que el día anterior a la lectura. Ahora sabía algo diferente: sabía que nuestras almas continúan más allá de la muerte física. No sólo lo creía, ahora lo sabía. Desde un punto de vista puramente estadístico, su nivel de exactitud no podía alcanzarse por coincidencia o adivinación. Además, la Médium nunca abrió los ojos durante la lectura, ni una sola vez. Nunca supo cuáles eran mis respuestas emocionales a la información que me estaba dando. Simplemente siguió adelante, y fue asombroso. Poco podía saber aquel día que aquella persona se convertiría en mi mentor en los primeros días de mi desarrollo como médium. ¡Qué suerte tuve!

Poco después de mi lectura, empecé las clases. Así que me puse en marcha, dejando a mi hijo pequeño en casa con su padre todos los miércoles por la noche, y sin prisa pero sin pausa, empecé a ganar impulso en el camino del cambio positivo. Reaprender a meditar cambió mi vida. Verás, la meditación nos permite desconectar de nuestro yo físico y contemplar nuestra vida o las situaciones que se producen en ella desde una perspectiva objetiva u observadora. Es como si estuviéramos fuera de nosotros mismos, eliminados de la emoción de la experiencia, y fuéramos capaces de reconocer la verdad, por no mencionar el estado de dicha absoluta que experimentamos en la meditación. Uno de los objetivos últimos de la meditación es aprender a acceder a ese estado de dicha cada día y en cada momento de vigilia de la vida, y no sólo durante la meditación formal. Y aunque puedo discutir con alguien o enfadarme o frustrarme como cualquier otra persona, también puedo acceder más fácilmente a ese estado de dicha porque sé cómo llegar a él y qué se siente. Es como seguir un pequeño rastro de migas de pan hasta un lugar que me resulta muy familiar. La meditación nos permite despejarnos y dejar espacio al espíritu.

Fue en las clases de meditación y desarrollo psíquico donde también aprendí cómo percibo el espíritu. Lo aprendí teniendo amplias experiencias en las que el espíritu me transmitía información durante la meditación guiada. Un ejemplo de intercambio de información con el espíritu durante una meditación guiada podría suceder así: Viaja desde tu silla, a través de la parte superior del tejado, pasando por las copas de los árboles hacia el cielo, y terminando finalmente en una plataforma en el espacio exterior donde puedes ver la Tierra girando lentamente. Desde allí, atraviesa una puerta y camina por un sendero dorado hasta un banco de jardín. Allí, siéntate y pide que un ser querido se reúna contigo. Ten paciencia. Cuando lleguen, la forma en que sepas que están presentes será reveladora de cómo percibes el espíritu. Si los ves, puede que seas clarividente (que ves con claridad). Si puedes sentir su energía, podrías ser clarividente (sentir con claridad), o si simplemente sabes interiormente que están contigo, podrías ser claircognitivo (saber con claridad). Durante la meditación, las barreras naturales que existen durante los momentos de vigilia disminuyen, y nuestra conexión con el espíritu se hace posible e ilimitada. Es increíble cómo la meditación, por sí sola, puede transformar una vida.

Paralelamente a mi tratamiento de acupuntura y mi práctica de la meditación, trabajaba con un psicoterapeuta, que también era budista practicante, ¡qué suerte! Me ofreció algunas de las conversaciones más perspicaces que aún hoy resuenan en mí. Una de las más memorables fue cuando me dijo algo así como: "Tu hija tiene su propio karma. Tu vida es tu vida, y ella tiene la suya propia. Lo que ocurra en su vida ocurrirá igualmente, tanto si te preocupas por ello como si no. No puedes cambiar ninguna de las cosas que te asustan, y su viaje por la vida va a ocurrir como se supone que tiene que ocurrir". Me ayudó a reconocer que, al igual que yo, mi hija tiene su propio camino que está destinada a recorrer. Y sólo era una ilusión que yo pudiera controlarlo de algún modo intentando mantenerla a salvo o mantenerme a salvo para ella. La verdad es que tardé muchos meses en aceptarlo, pero a medida que me expandía y evolucionaba a nivel espiritual, llegué a saber, aceptar y vivir esta verdad.

Después de meses de acupuntura, MTC, meditación, psicoterapia y otras experiencias espirituales como regresión a vidas pasadas, lecturas de médiums, sanaciones energéticas y cosas por el estilo, me sentía una persona completamente distinta. Sentía que, incluso a nivel celular, era diferente. Vibraba de forma diferente, y la gente lo notaba. Me sentía mejor que nunca, y me estaba alineando con el universo. El cambio energético era palpable y asombroso. Incluso hoy en día, la parte de mí que existía durante aquellos tiempos difíciles se siente como un débil recuerdo; apenas puedo conectar con quien era entonces. Verdaderamente, una vez que se produce un cambio o despertar espiritual, no hay vuelta atrás. ¡Y eso es algo maravilloso!

Noté cambios a lo largo del camino, pero no fue hasta más de un año después cuando me detuve e hice balance de dónde y quién era ahora. Fue algo así como esperar a que el agua se enfriara. El agua no pasa de estar hirviendo un minuto a estar completamente fría al siguiente. A medida que se enfría, el gradiente de temperatura desciende lentamente. Es un proceso lento (sobre todo si lo estás observando y esperando), pero al final llega a una temperatura deseable.

El último día de mi clase de meditación y desarrollo psíquico, nuestra mentora nos pidió que no abriéramos los ojos al final de la meditación. En su lugar, nos pidió que invitáramos a un ser querido de alguien de la sala a acercarse a nosotros. Parece un poco descabellado para personas que nunca antes se han comunicado con el espíritu, ¿verdad? ¡Pues no! Habíamos aprendido y establecido tantas conexiones (con guías, tótems, seres superiores y nuestros propios seres queridos del otro lado) a lo largo de las semanas que la mayoría de nosotros estábamos preparados para trabajar con los seres queridos espirituales de otras personas.

Siempre recordaré al primer ser querido espiritual que vi. Llevaba unas doce semanas en la clase de meditación y desarrollo psíquico y, mediante validación, la alumna que estaba a mi lado me confirmó que la persona espiritual que vi era, efectivamente, su ex marido. Recuerdo que habló de motos, e incluso me dijo que se llamaba Joe, ¡lo cual era correcto! Ojalá siempre fuera tan fácil conseguir nombres de espíritus - debían de estar tirándome un hueso - la forma que tienen los espíritus de decir "puedes hacerlo, sigue adelante". ¡Qué maravilla! Esta primera experiencia fue el comienzo del desarrollo de mi mediumnidad y de mi hermosa y asombrosa relación con el espíritu.

Cuando llegó el siguiente trimestre de clases, decidí matricularme en Desarrollo de la Mediumnidad en lugar de otra ronda de meditación. Aprendí a través de cierto nivel de instrucción y navegando por las experiencias semanales que iba teniendo, pero también aprendí mucho de otros Médiums de las clases, algunos de los cuales estaban empezando igual que yo y otros tenían experiencia.

En estas clases aprendí un marco básico para comunicarme con el espíritu (más adelante explicaré en qué consiste), cómo conectar más profundamente con el espíritu y cómo construir un diccionario de signos y símbolos. También aprendí que mi primera y más fuerte forma de comunicarme con el otro lado era a través de la vista (clarividencia). ¿Cómo aprendí esto? Bueno, comprendí más clara y fácilmente lo que me mostraban los espíritus (como imágenes o películas en el ojo de mi mente) en comparación con la información que me comunicaban de otras formas, como haciéndome sentir algo (como una emoción o un conocimiento interno). Mis capacidades clarividentes van seguidas de cerca por la clarividencia y la clarocognición y, por último, por la clariaudiencia (que para mí es oír un pensamiento interno, no una voz incorpórea). También oigo sonidos del mundo espiritual, como un silbido, una tos o una risa. Cuando oigo estas cosas y otras personas a mi alrededor no pueden oírlas, sé que proceden del mundo de los espíritus.

Ahora bien, estas clases eran un poco diferentes de lo que podrías ver con la mediumnidad tradicional. Nos sentábamos en grupo con entre cinco y diez Médiums, y todos nos turnábamos para hacer una lectura delante de todos, a uno o dos oyentes (personas que recibían las lecturas). En muchos sentidos, es un obstáculo en el aprendizaje de la mediumnidad dar una lectura delante de tanta gente cuando estás empezando. Tu confianza es baja, tu diccionario no es grande y no tienes experiencia trabajando con seres queridos en duelo aquí, en el mundo físico. Estás delante de todo el mundo, esforzándote al máximo por ofrecer sanación desde el espíritu. Pero, ¿sabes qué?, la oportunidad de aprender es magnífica: ¿qué mejor forma de aprender y mejorar que observar cómo transmiten sus mensajes los Médiums experimentados, aprender qué signos y símbolos utilizan y dejarte guiar y ayudar por los que están más avanzados que tú? No cambiaría nada de aquellos primeros días de mediumnidad.

Si alguna vez te encuentras en un viaje similar al mío, no puedo exagerar la importancia de la comunidad y el apoyo. Los amigos que conseguí en mi círculo de práctica espiritual desempeñaron un papel fundamental en mi sanación, desarrollo y expansión. En el trabajo espiritual puede ser difícil encontrar personas de ideas afines, así que sigue mi consejo: diversifícate, sal ahí fuera y conoce a gente. ¡No vayas solo! La vida es más rica si hay gente buena en ella.

Así que allí estaba yo: había completado una ronda de clases de meditación y desarrollo psíquico, y una ronda de clases de desarrollo de la mediumnidad. Habían pasado dos años desde la transición de mi padre al espíritu, y yo había superado el proceso de duelo. También había transformado todo mi ser, y ahora trabajaba con personas que, en muchos casos, estaban en el mismo lugar en el que yo me encontraba no hacía tanto tiempo. Seguí siendo una estudiante durante mucho tiempo (siempre somos estudiantes, lo sé), y continué inscribiéndome en varias rondas de clases de desarrollo de la mediumnidad para mejorar mis habilidades y aumentar mi confianza. Pero cuando llegué al punto de que, después de cada lectura, cada vez necesitaba menos dirección, orientación o retroalimentación, decidí independizarme.

Debo mencionar que durante todo el tiempo que estuve tomando clases de desarrollo de la mediumnidad, también ofrecí lecturas gratuitas a cualquiera que estuviera interesado -amigos, familiares, desconocidos-, a cualquiera que me permitiera practicar con ellos. Y mi consejo para ti es que hagas lo mismo. Un año incluso me pasé todo un verano ofreciendo lecturas a una larga lista de personas que una amiga mía, Kay, reunió para mí. Practica, practica y practica: ¡no puedo insistir lo suficiente en su importancia para convertirse en una buena Médium!

Algunos de mis mentores dijeron que pensaban que mis capacidades para conectar con el mundo espiritual se desarrollaban rápidamente. Quizá tuvieran razón, pero todos nos desarrollamos y desenvolvemos al ritmo y en el momento perfectos. Recuerdo haber visto amigos por el camino que tardaron mucho más que yo en conectar con el otro lado. Pero puedo asegurarte esto: dejando a un lado el ritmo de aprendizaje, todos los que quisieron aprender a canalizar el espíritu aprendieron a hacerlo.

Si descubres que tu desarrollo espiritual es más lento de lo que te gustaría, sólo recuerda que el universo desentrañará tu camino en el momento que sea perfecto para ti. Así que aprende y practica todo lo que puedas, y te prometo que el espíritu te ofrecerá experiencias maravillosas -momentos realmente eufóricos- a lo largo del camino para que sigas adelante. Asegúrate de buscar las joyas, las gemas de información con las que el espíritu aligerará tu corazón en un intento de decirte "sigue adelante y no te rindas". Por ejemplo, si tus últimas lecturas de práctica no han sido muy buenas, y tu confianza está decayendo, pide al espíritu que te levante el ánimo diciéndote algo muy concreto, como su nombre, o la fecha exacta en que nació, o su edad al fallecer. Cuando ocurra (y ocurrirá), ¡no dejes de dar las gracias!

CAPÍTULO 3
Algunas Preguntas Muy Importantes

Hay algunas preguntas bastante comunes que me hacen a menudo como Médium. Y puesto que la mayoría de las personas que inician un viaje espiritual también tendrán estas preguntas, empezaremos nuestro aprendizaje de este libro abordándolas.

Las respuestas que doy a estas preguntas proceden de mi comprensión del espíritu y de lo que me han enseñado a lo largo de mi vida como Médium y practicante espiritual, y las respuestas son también la suma de todas mis experiencias personales con el otro lado. Algunas de mis respuestas pueden estar en desacuerdo con tus creencias o con lo que sabes que es verdad. Pero debes saber que la verdad es personal y subjetiva. Lo que se me ha demostrado una y otra vez ha formado mi verdad, pero tú puedes haber tenido experiencias diferentes, por lo que tu verdad actual puede ser distinta de la mía. Sin embargo, suscribo la idea de que la verdad, tal como la entendemos, puede evolucionar, y te animo a que suscribas una idea similar. Me esfuerzo por mantener una actitud abierta respecto a lo que puede ser, lo que puede no ser o lo que al menos es posible, y tú podrías plantearte hacer lo mismo. La verdad a menudo tiene capas y no es sencilla, aunque a veces nos gustaría que lo fuera. Así que, aunque el espíritu haya mostrado la misma explicación para algunas de estas preguntas una y otra vez, es importante reconocer que no tenemos una conciencia completa de todo lo que es y, por tanto, puede que no comprendamos el alcance total de estas preguntas existenciales o espirituales más comunes.

¿Qué Pasa Cuando Morimos?

El espíritu me dice que cuando fallecemos y pasamos al otro lado, nos reciben nuestros seres queridos que ya están allí. También nos reciben nuestro guía espiritual principal y nuestro ángel de la guarda. Los guías espirituales forman parte de nuestro "equipo" de ayudantes en el otro lado. Los guías son seres que han caminado antes por la Tierra, pero que están mucho más avanzados en la evolución espiritual que nosotros. En el momento de nuestro nacimiento, la fuente (también conocida o considerada como dios, diosa, universo, etc.) nos asigna muchos guías para que nos acompañen en nuestro viaje a través de esta vida, y uno de esos guías suele ser nuestra "persona de referencia" o principal punto de contacto en el mundo espiritual. Los ángeles de la guarda son distintos de los guías espirituales. Los ángeles son un tipo de ser diferente. Lo que sé por el espíritu y por mi propio ángel de la guarda es que los ángeles nunca han caminado por la Tierra. Vibran a un ritmo mucho mayor o más rápido que los seres queridos espirituales e incluso que nuestros guías espirituales. Su propósito es ayudarnos y protegernos en muchos niveles, y nunca nos abandonan. Nunca.

De todas las veces que el espíritu me ha mostrado su fallecimiento, nunca me han dicho que incluyera dolor, preocupación o miedo. Siempre me han mostrado que estaban en paz, dichosos, y que querían ir al más allá, a la luz.

Los espíritus suelen hablar de cosas que ocurrían a su alrededor mientras estaban inconscientes antes de su fallecimiento. También hablan de lo que ocurría a su alrededor inmediatamente después de su fallecimiento, lo que demuestra que son un espíritu o un alma fuera de su cuerpo físico, y que la consciencia sobrevive a la muerte física.

Recuerdo que antes de la transición de mi padre al espíritu, cuando aún estaba parcialmente lúcido, expresó que podía ver a su madre - mi abuela -, que había fallecido muchos años antes. Me sentí reconfortada al oír eso, porque me demostró que no estaba solo en ese momento en que tenía un "pie" todavía aquí en el mundo físico, y el otro en el mundo espiritual.

El Espíritu me ha comunicado muchas veces cómo es el otro lado. Perciben y experimentan las cosas de un modo distinto al tuyo o al mío. No ven con los ojos, ni sienten con el cuerpo, ni huelen con la nariz. Pero sienten emociones y energía. Están hechos de luz (energía), que incluye el amor. El Espíritu me ha mostrado (a través de mi tercer ojo, o vista psíquica) algunos de los paisajes más bellos, increíbles y fuera de este mundo que existen en el mundo espiritual. Puede que no sean lugares reales que existan tangiblemente, como el Gran Cañón u otro paisaje popular, pero son percibidos por los seres espirituales. Así que para ellos (y para nosotros cuando estamos en el mundo espiritual), estos lugares se experimentan, se sienten y se ven, por lo que sí existen en la dimensión espiritual.

A través de algunas experiencias excepcionales con la regresión a vidas pasadas y la regresión a vidas entre vidas, también he experimentado recuerdos del alma de cómo es el cielo. Y cuando tuve estas experiencias de primera mano con recuerdos del alma, fue increíblemente validante, porque me demostró que la comunicación del espíritu sobre cómo es el otro lado era exacta. Lo que es más emocionante es que nosotros también podemos acceder a estos hermosos lugares que existen en el otro lado aquí, en el mundo físico, mediante la meditación profunda (o la regresión a vidas pasadas/vidas entre vidas).

También debes saber que no suscribo la idea de que el más allá exista en una ubicación física exacta en algún lugar lejano a nosotros. Creo que está aquí, a nuestro alrededor, en un nivel diferente de existencia o frecuencia. Al menos esto es lo que me dice el espíritu.

Cuando Sueño con Mi Ser Querido, ¿es una Visita?

Lo que sé por el espíritu es que la mayoría de las veces la respuesta a esta pregunta es sí. Cuando tenemos sueños con algo más que un breve cameo de un ser querido, se trata de hecho de una visita suya. Durante el sueño, estamos abiertos en el sentido de que no nos inundan pensamientos, análisis internos ni distracciones. Así que, energéticamente hablando, es mucho más fácil que el espíritu entre en nuestra conciencia.

Una visita onírica es una forma habitual de que el espíritu se comunique con nosotros. Estos sueños suelen contener una experiencia profunda, o algo profundo que se dice o se comunica de otra manera. Y es probable que te despiertes del sueño sintiéndote diferente, como si acabaras de tener una interacción real y legítima con alguien.

La gente suele decir que sus seres queridos suelen aparecer en sueños en oleadas, es decir, no de forma constante. Lo que sé por el espíritu es que están más presentes en nuestras vidas durante los periodos en los que los necesitamos más para que nos apoyen o nos guíen, y suelen ser estos periodos los que se nos aparecen más a través de los sueños.

Si no Aprendo a Ser Médium para Otras Personas, ¿Cómo Puedo Abrir las Puertas para Recibir Señales de Mis Seres Queridos del Otro Lado?

Hay un par de respuestas a esta pregunta, así que aquí tienes la Parte 1 (la forma más fácil). Aprende las señales y los símbolos que el espíritu utiliza a menudo para conectar con nosotros aquí en el mundo físico (más adelante hablaremos de qué son). No sabes cuántas personas pasan por alto las señales simplemente porque no saben lo que buscan.

Parte 2 - Aprende a meditar para lograr una conexión más profunda que la mera conciencia de los signos y símbolos. La meditación silencia nuestro diálogo interior y nos da espacio para sentir, percibir y reconocer el espíritu. A veces, percibir el espíritu requiere mucho trabajo, pero si es algo que quieres aprender, puede hacerse.

¿Saben Nuestros Seres Queridos Cuánto Los Echamos De Menos, y Pueden Ver Lo Que Pasa Ahora En Nuestras Vidas?

La respuesta del Espíritu a esta pregunta es la siguiente: Siempre y sin excepción. Están profundamente conectados con nosotros. Nuestras emociones, pensamientos, sentimientos... el espíritu es consciente de todo ello. En muchos sentidos, nuestros seres queridos del otro lado están más en sintonía con nosotros ahora de lo que lo estaban aquí, en el mundo físico. Ahora nos conocen más íntimamente que antes. Pueden oír y sentir nuestros pensamientos, nuestros sentimientos:

no hay ninguna barrera entre nosotros y ellos.

Los espíritus siempre están al tanto de las cosas que ocurren en nuestras vidas desde su fallecimiento. Durante las lecturas mediúmnicas, a menudo hablarán de cosas que te han visto hacer recientemente o desde su fallecimiento para demostrar que aún existen y forman parte de tu vida, incluso desde el cielo.

¿Qué Les Pasa a Nuestras Mascotas Cuando Mueren?

Las mascotas aparecen durante las lecturas conmigo todo el tiempo. Perros, gatos, caballos, ¡incluso hámsters, aunque no lo creas! Basándome en todas mis experiencias de ver y conectar con animales en espíritu, sé que van al mismo lugar que nosotros. Incluso mantienen relaciones con nosotros cuando llegamos al otro lado. Rara vez he visto a una mascota dar un paso adelante sola: casi siempre van acompañadas de un ser querido humano en el otro lado. El amor es amor, independientemente de la especie que lo comparta.

¿Dice el Espíritu Alguna Vez Cosas Malas que No Queremos Saber?

El Espíritu no se presenta para decir cosas "malas". Ésa no es su naturaleza. Si surge algo contra lo que se les permite darte una advertencia, o una orientación sobre algo que debes evitar, entonces lo harán. Pero recuerda que los espíritus no están autorizados a decírnoslo todo. Por ejemplo, si les pedimos que nos digan cuándo moriremos, es muy probable que no puedan hablarnos de esta parte de nuestro plan divino. Piénsalo: ¿qué harías con esa información? Vivirías una existencia estresada y ansiosa hasta que llegara ese día, y el Espíritu no querría eso. El Espíritu nunca vendrá sólo para decirte algo malo. Si ahondan en algo menos que positivo, siempre irá acompañado de otra información para dotarte de perspicacia y orientación.

Cuando trabajo con el espíritu, nosotros (el espíritu y yo) trabajamos por lo más elevado y lo mejor para todos los implicados, por lo que tiene sentido que nunca te dejen intencionadamente preocupado o temeroso por algo. Si sales de una experiencia espiritual sintiéndote inquieto o asustado, yo cuestionaría la precisión o la interpretación del mensajero o la Médium más que el mensaje en sí. En otro contexto, si te encuentras dando un mensaje que deja al receptor sintiéndose así, cuestionaría la calidad de tu conexión con el mundo espiritual o tu aptitud como Médium.

¿Cuál es la Diferencia entre un Espíritu y un Alma?

La respuesta a esta pregunta te ayudará a comprender muchas cosas de las que hablaremos en este libro, ¡así que presta mucha atención!

Hay muchas analogías que pueden utilizarse para demostrar la diferencia entre un espíritu y un alma, pero voy a utilizar la que me resultó más fácil de entender cuando le hice esta pregunta por primera vez a una de mis maravillosas mentoras espirituales, Lynn.

El alma puede definirse como nuestro yo completo o superior, el aspecto espiritual completo de nosotros mismos que es eterno. Experimenta muchas vidas en su viaje progresivo hacia la perfección espiritual (lo que significa haber experimentado y aprendido todo lo que se puede experimentar o aprender), hasta que llega a estar tan altamente evolucionada, tan iluminada, que las vidas en la Tierra ya no son necesarias. ¿Entonces, cómo se compara esto con un espíritu?

Si podemos imaginar por un momento que mi alma se representa como una naranja -una naranja entera, compuesta de muchas rodajas-. Luego imaginemos que las rodajas de naranja son los muchos aspectos, o encarnaciones de mi alma, llamados espíritus. Así pues, mi alma, la naranja entera, reside en el mundo espiritual (y también está siempre conectada y es una con mi espíritu aquí en la Tierra). Pero el trozo de la naranja, el espíritu, que está aquí experimentando esta encarnación, es Mary-Anne. Así que mi yo único, Mary-Anne, es una de las muchas partes (rodajas de naranja) que componen mi yo completo (mi alma, o la naranja entera). Otras encarnaciones, o vidas, que tenga mi alma serían experimentadas por rodajas de naranja distintas de la rodaja que soy como Mary-Anne. Soy yo, Mary-Anne, y las demás encarnaciones, espíritus o rodajas de naranja, que componen mi alma.

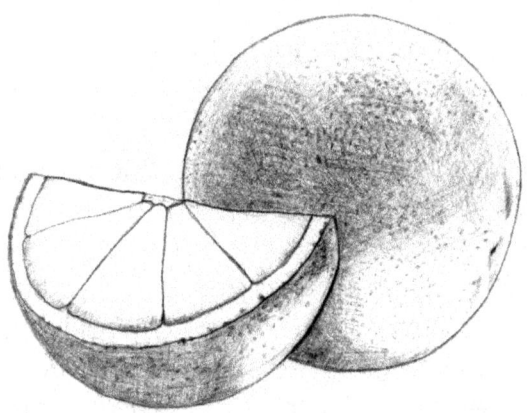

¿Mi Ser Querido Seguirá En El Otro Lado Cuando Yo Llegue, O Se Reencarnará Antes De Que Yo Llegue?

¡Una gran pregunta! Ilustraré la respuesta con un ejemplo. Supongamos que hacemos la pregunta sobre tu abuela, llamada Rose. Lo que sé por el espíritu es que, aunque otros aspectos del alma de Rose (otras rodajas de naranja) puedan volver a la Tierra para otra ronda antes de que tú llegues al otro lado, el espíritu (o rodaja de naranja) que era tu ser querido (tu abuela

Rose) siempre te estará esperando, y habrá un dichoso reencuentro en el más allá.

Tal como yo lo entiendo desde el espíritu, nuestros espíritus únicos regresan como uno con nuestra alma cuando esta encarnación ha terminado, y cada encarnación posterior en la tierra es experimentada por un nuevo espíritu, o un aspecto diferente (una rodaja de naranja diferente) de nuestra propia alma.

¿Qué es un Grupo de Almas?

¿Alguna vez te has encontrado con alguien y has tenido la sensación de conocerlo de antes, o te has sentido tan a gusto y cómodo con alguien a quien acabas de conocer? ¿O tal vez hay alguien en tu vida con quien estás muy unido y parece que podéis terminar las frases del otro, o leeros la mente o los pensamientos sin pronunciar palabra? Si puedes responder afirmativamente a cualquiera de estas preguntas, lo más probable es que hayas compartido muchas vidas con esa persona, ¡y que forme parte de tu grupo de almas! ¿Se te ha prendido un foco?

¿Qué es un grupo de almas? Bueno, un grupo de almas es, como su nombre indica, un grupo de almas o seres con los que encarnamos, una y otra vez en diferentes dinámicas y relaciones, para ayudarnos a aprender nuestras lecciones vitales. Por ejemplo, yo aprendí a través de una experiencia de vida pasada que mi madre en esta vida fue mi hija en una vida anterior.

Mientras estamos en el otro lado y hacemos nuestros planes previos al nacimiento, también hacemos arreglos y tenemos acuerdos con los miembros de nuestro grupo de almas. Nuestros acuerdos, o contratos, incluyen cuándo y cómo nos encontraremos aquí en la Tierra, y qué papeles desempeñaremos en la vida de cada uno. Por ejemplo, mi hija y yo acordamos que nos encontraríamos durante esta encarnación cuando yo la diera a luz: ése sería el momento de nuestra reunión terrenal.

CAPÍTULO 4
Trabajando con el Espíritu

Todos tenemos nuestro propio y único viaje en la vida, y a lo largo de ese viaje, inevitablemente vivimos experiencias y pruebas que hacen que necesitemos sanación: emocional, espiritual y física. Para quienes lo han experimentado, la pérdida de un ser querido cercano puede ser devastadora, cambiar por completo la vida y provocar la añoranza y la tristeza más profundas.

La sanación es un proceso. Para algunos, parte de ese proceso incluye el deseo de comunicarse con sus seres queridos y ser testigos de pruebas de vida más allá de la muerte física. Es durante la mediumnidad cuando se crea esta oportunidad. Saber de la continuación de la vida y que nuestros seres queridos están bien, puede aportar un enorme consuelo y alivio.

La mediumnidad es el proceso de comunicación con los seres queridos que han pasado al otro lado. Como Médium, el objetivo clave de tu trabajo es ser un canal claro para recibir y entregar mensajes de validación y amor del mundo de los espíritus.

Al menos para mí, no es un intento de convencer a nadie de la existencia de una vida después de la muerte: quienes reciben la validación y los mensajes del espíritu pueden tomar esa información y sacar sus propias conclusiones sobre si existe o no el más allá.

Yo practico la Mediumnidad Evidencial, lo que significa que aporto información única sobre el espíritu con el que me comunico para demostrar que es a él a quien estoy transmitiendo. Por ejemplo, es probable que hable de su aspecto físico, de cómo fallecieron, de lo que hicieron en vida y de cualquier otra información única y específica sobre ellos. En comparación, se puede practicar la mediumnidad (comunicarse con el mundo de los espíritus) sin aportar pruebas de que se trata de un ser querido único. Un ejemplo de mediumnidad sin pruebas sería que un Médium dijera algo como: "Siento una energía materna para ti en espíritu, y quiere decirte que te quiere mucho y que está contigo a menudo". Puede que tengas una energía materna (madre, suegra, abuela) en espíritu, y puede que le esté diciendo al Médium lo mucho que te quiere, pero a falta de proporcionar información específica sobre tu energía materna única, no se ha demostrado nada.

Ahora bien, no estoy diciendo que la mediumnidad evidencial sea mejor que la mediumnidad no evidencial, es sólo mi preferencia, y ello por una sola razón: Mi propósito de canalizar a seres queridos en espíritu consiste en hacerles llegar los mensajes que desean dar, pero también es más importante, desde mi punto de vista, demostrar la existencia de un alma: que sobrevive a la muerte y que todos seguimos existiendo en el lugar más hermoso imaginable. Y creo que la combinación de validación y mensajes sirve como prueba de la continuación de la vida después de la muerte física, y demuestra que nunca estamos solos, que nuestra conexión de amor sigue existiendo.

Antes de pasar a la parte práctica de este capítulo, quiero comenzar con esto: Como en cualquier otra cosa en la que quieras ser competente, no hagas todo tu aprendizaje en un solo lugar o a partir de un solo recurso. Experimenta diferentes perspectivas, aprende a través de diferentes vías, investiga muchas obras publicadas y crea un diálogo con otras personas de las que puedas aprender. Este libro por sí solo te ayudará a empezar, mejorará tu aprendizaje, te ayudará a establecer y seguir un camino crítico para desarrollarte en la mediumnidad, y te enseñará muchos aspectos de ser un Médium. Pero yo no aprendí a ser una buena Médium leyendo un solo libro, así que te animo a que amplíes tu aprendizaje a través de muchas experiencias y muchos recursos.

Este libro puede ayudarte y te ayudará a ampliar tu conciencia psíquica y te enseñará a comunicarte con el espíritu. Pero si nunca has meditado ni has aprendido a silenciar tu yo interno, entonces tienes que hacer algo de trabajo previo. Créeme cuando te digo que nadie puede enseñarte a ser Médium sin que antes hayas aprendido a meditar. Pero ¡no te preocupes! Puedo ayudarte a hacer ese trabajo previo.

Parte 1: Tranquilizar la Mente

Comunicarse con el espíritu no es tan sencillo como mantener una conversación con tu vecino. No tiene lugar como un diálogo entre dos personas, aunque a veces se presente de ese modo (aunque cuando conecto con mis propios seres queridos espirituales, se parece mucho a mantener una conversación con palabras, quizá porque sé cómo sonaban sus voces cuando estaban aquí). Puedo asegurarte que se necesita conocimiento y habilidad para hacerlo bien. Al principio del aprendizaje de la mediumnidad, no cabe duda de que conectarás con el espíritu: tal vez los veas como yo, o tal vez sientas su energía, o los percibas de un modo diferente. Y aunque es un primer paso tremendo ser capaz de percibir el espíritu, en realidad es sólo el principio. Pero por ahora, centrémonos en cómo lograr este primer paso.

¿Cómo podemos ser conscientes de la energía que nos rodea y que no podemos detectar con nuestros cinco sentidos habituales? Permíteme que te lo explique. En primer lugar, tenemos que dominar o, como mínimo, convertirnos en expertos en silenciar nuestro propio parloteo interno. Esto lleva tiempo y práctica (sobre todo se aprende con la meditación, guiada o no). No puedo exagerar la importancia de este paso. No hay que precipitarse. Te lo prometo, si te precipitas en esta parte o esperas dominar la habilidad en un periodo de tiempo determinado, te sentirás decepcionado y frustrado. Consejo: Confía en el proceso que está teniendo lugar, confía en que estás destinado a llegar adonde vas, y confía en que llegarás cuando debas.

Nuestras mentes están inundadas de desorden. Solemos estar en un patrón constante de diálogo interno que incluye pensamientos subconscientes y conscientes sobre lo que estamos haciendo, lo que ocurre a nuestro alrededor, cómo nos sentimos sobre las cosas... ¡la lista es literalmente interminable! Ahora imagina esto: Si el espíritu intenta comunicarse contigo enviándote un pensamiento (suyo), ¿cómo vas a reconocer que el pensamiento procede de él? Si tu mente está a tope con tus propios pensamientos todo el tiempo, sencillamente no podrás reconocer los del espíritu. Cuando silenciamos nuestra mente y nuestro corazón mediante la meditación, se hace sitio para el espíritu: abrimos un espacio de quietud y permitimos que entren ahí.

Aprender a meditar no es una tarea fácil sin la ayuda de un mentor, una buena pista de audio de meditación guiada o un libro como éste. Los CD o pistas de audio de meditación guiada son una forma fabulosa de aprender a meditar. Hay muchos y muy buenos, especialmente los que combinan la meditación con el encuentro con alguna forma de espíritu, como un guía, un ángel o un ser querido.

Volviendo a mi sugerencia de "no hacerlo solo", una de las mejores formas de aprender a meditar es encontrar una clase local en la que inscribirte. O incluso puedes probar con un grupo de meditación online: probablemente haya más de los que te imaginas. Lo he dicho antes y lo repetiré: El valor de la comunidad en el trabajo espiritual es enorme. Incluso un grupo online de personas con ideas afines te proporcionará experiencias de aprendizaje valiosas, consejos y perspectivas que de otro modo no tendrías. Pero si unirte a un grupo de meditación no es una opción para ti, el audio de meditación guiada funciona bastante bien, así que no te preocupes.

Una práctica de meditación puede establecerse con bastante rapidez, aunque a algunas personas les resulta más difícil meditar, mientras que a otras les resulta fácil. Si aprender a meditar te resulta difícil, mi consejo sería que siguieras haciéndolo hasta que sientas que te resulta más fácil. Aprender a meditar y a silenciarte es uno de los pasos iniciales del desarrollo espiritual que sencillamente no puedes saltarte. Si te está costando aprender a meditar, quizá lo veas como si el universo te diera la oportunidad de quitarte primero de en medio la parte más difícil. Verás, en la meditación no podemos escondernos de nuestras verdaderas emociones y energías internas, buenas o malas. Y si nos resistimos a meditar o tenemos dificultades para "soltarnos" durante la meditación, quizá esto signifique que tenemos mucho trabajo que hacer, mucha sanación que conseguir.

Empieza a meditar al menos una vez al día al principio, aunque sólo sean diez o veinte minutos cada vez. Es importante que al principio te sientes en la energía de la meditación tan a menudo como puedas. A medida que te acostumbres a meditar, te resultará cada vez más fácil hacerlo. Pero asegúrate de que también estás haciendo una "excavación emocional", como me gusta llamarla, en tu práctica de la meditación, pidiendo continuamente al espíritu que te muestre algo que necesitas conocer para la sanación interior. Y entonces debes excavar -excavar en lo más profundo de tu ser- y comenzar verdadera y honestamente tu propio proceso personal de sanación.

La sanación puede tener lugar a través de muchas vías, y al igual que cada persona es única, también lo es el viaje hacia la sanación. Algunas modalidades de sanación que puedes considerar para tu viaje espiritual son el Reiki, la acupuntura, un consejero espiritual u otro tipo de terapeuta profesional con el que hablar. La meditación, en sí misma, es increíblemente sanadora. Pero a veces es útil que otra persona nos hable de parte de nuestro viaje para proporcionarnos una orientación objetiva. Al fin y al cabo, algunas de las cosas que pueden surgir durante la "excavación emocional" pueden no ser fáciles de afrontar a solas. Así que elegir a un trabajador espiritual, a un profesional o a un amigo íntimo y de confianza para que nos ayude en algunas partes de nuestro viaje es probablemente una sabia decisión.

Recuerda: ayudar a los demás en su sanación espiritual no puede ser significativo a menos que tú mismo hayas recorrido el camino de la sanación. Tu sanación es el comienzo de tu desarrollo espiritual, y es un paso sagrado. Concédete el tiempo y la atención que necesitas en esta parte tan importante de tu evolución y crecimiento.

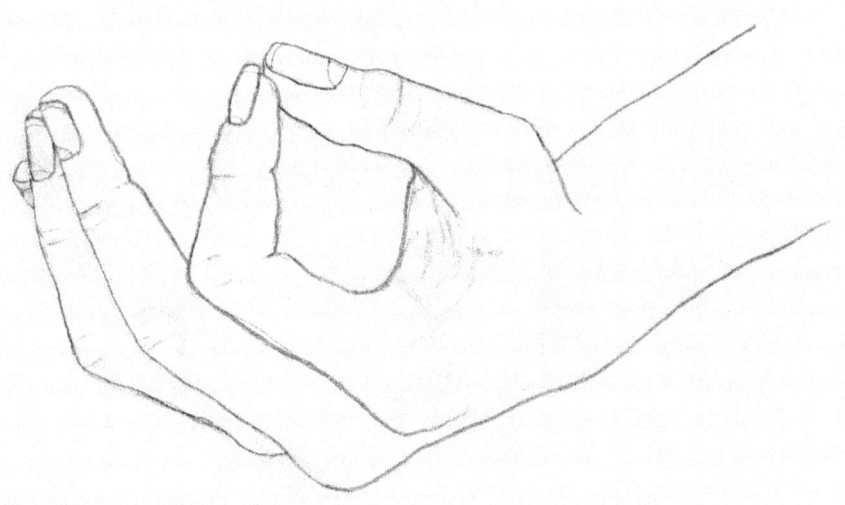

Parte 2: Ejercicios de Desarrollo Psíquico

Tras el primer paso de aprender a silenciarte, viene el aprendizaje de cómo se comunica el espíritu contigo (a través del lugar, del sentimiento, de los colores, de los sonidos, etc.). También es el punto de partida de la construcción de un diccionario espiritual o psíquico, que incluye signos, símbolos y referencias que el espíritu utiliza para comunicarse contigo. Estos primeros aspectos del desarrollo psíquico forman parte integrante de los cimientos de un buen trabajo de médium.

Los tres ejercicios siguientes pueden y deben repetirse a menudo al principio de tu desarrollo. Están diseñados para que los realices después de una meditación de tu elección, de modo que estés "en la energía" antes de empezar. Y es mejor hacerlos con al menos otra persona, pero también puedes probar a hacerlos solo. En cualquier caso, considera la posibilidad de que alguien te los lea en voz alta durante los ejercicios para que recuerdes lo que tienes que hacer a continuación, o familiarízate lo suficiente con los ejercicios como para no tener que seguir comprobando lo que tienes que hacer a continuación. O, si te apetece, puedes grabarte a ti mismo leyendo el ejercicio y reproducirlo tranquilamente mientras lo realizas.

Antes de cualquier trabajo con el espíritu (incluida la meditación), es importante establecer tu intención con antelación. Debes saber lo que quieres conseguir, aunque sólo sea relajarte o simplemente tener una experiencia. También es importante decir algunas palabras (por ejemplo, una oración) que pidan la protección de la Divinidad durante el trabajo que vas a emprender. La siguiente es una oración que yo rezo antes de iniciar el trabajo con el mundo espiritual.

Gran Espíritu, lléname de tu luz y de tu amor. Pido que los ángeles de protección velen por mí y protejan este proceso. Pido ser un canal claro para mis seres queridos hoy, y pido que mis ángeles, seres queridos y guías sólo permitan que se acerquen a mí aquellos seres de la luz y el amor más elevados, para que se sirva lo mejor y más elevado. Gracias.

Te animo a que modifiques esta oración en algo que funcione para ti. En tu oración, asegúrate de expresar lo que pides (protección y ser un canal claro), por qué lo pides (servir a lo más elevado y mejor) y da las gracias (da las gracias).

Ejemplo de Ejercicio nº 1:
Encuentro con nuestro Espíritu Guía Principal

Comienza tu meditación como de costumbre (guiada o no guiada). Cerca del final de la meditación, no la termines. Quédate un momento en esa energía. Echa un vistazo a tu alrededor (con el tercer ojo), y reconoce que estás en el lugar más hermoso que jamás hayas visto. Observa este lugar, siéntelo, ámalo. Disfrútalo.

Ahora mira a lo lejos y observa una esfera de luz brillante que se mueve hacia ti. A medida que se acerca a ti, la esfera se hace cada vez más grande. Finalmente llega frente a ti, y ya no es sólo una esfera de luz. Mira hacia abajo y verás unos pies. ¿Hay zapatos en esos pies? ¿Qué aspecto tienen? Ahora mueve la mirada hacia arriba. ¿Qué ropa ves, si la hay? Extiende ahora las manos y pídeles que se acerquen a ti. Cuando lo hagan, mira hacia arriba. Contempla el rostro de este hermoso ser de luz que está aquí sólo para ti. Mientras los miras, imprimiendo su rostro en tu memoria, pregúntales su nombre. Aunque te parezca que estás inventando lo que ves, lo que haces o lo que oyes, sigue adelante. Permanece en su energía durante algún tiempo: puedes esperar sentir muchas emociones, como sentirte querido, seguro y comprendido, y probablemente querrás permanecer en esa energía durante mucho tiempo.

Cuando sientas que estás preparado para seguir adelante, da las gracias a tu espíritu guía y observa cómo se convierte de nuevo en una esfera de luz que se aleja de ti. Ahora concluye tu meditación como de costumbre.

Éste ha sido tu primer encuentro con tu guía espiritual principal, y puede que hayas aprendido su nombre (si no lo has hecho, simplemente inténtalo de nuevo otro día). Asegúrate de utilizar el nombre de tu guía espiritual siempre que desees tenerlo presente, ya sea cuando estés decaído, solo, asustado, necesites orientación o sientas que necesitas protección espiritual. Asegúrate también de anotar en un diario todas tus primeras experiencias de meditación, ya que es fácil olvidar alguna información importante por el camino.

En la comunidad espiritual se cree que, como seres humanos, tenemos muchos guías espirituales, pero normalmente tenemos uno o dos guías "principales". En mi caso, reconozco que tengo un guía espiritual principal que siempre está conmigo. Siento que nunca se va. También tengo otros guías que parecen estar presentes sólo en determinadas ocasiones o circunstancias, y me gusta pensar en ellos como guías más "especializados". Por ejemplo, cada vez que un animal querido pasa de este mundo al otro, veo a un guía concreto a mi alrededor. Siento que es el guía que conecta con los animales de mi vida y los recibe en su transición. Aún no he aprendido su nombre, pero puedo reconocer su rostro y su estatura.

Ejercicio Ejemplo nº 2:
Psicometría

La psicometría es la capacidad psíquica de tocar un objeto y recibir información impresa sobre él o de él.

Este ejercicio requiere trabajar con al menos otra persona. Con más participantes es aún mejor. Comienza tu meditación como de costumbre (guiada o no guiada). A lo largo de tu meditación, pide a los espíritus que trabajen contigo sobre el significado de los colores, y pídeles que te muestren colores que se correlacionen con determinadas emociones o las representen. Ponles ejemplos de distintos tipos de emociones (felicidad, tristeza, miedo, alegría, etc.), y pide que te muestren un color asociado a cada una de ellas. Cuando sientas que has adquirido una nueva percepción, completa tu meditación y registra tus experiencias.

Cuando todos hayan completado su meditación, haz que cada uno coloque algo suyo en una cesta (llaves, una joya, un guante, etc.). A continuación, haz que cada uno coja algo de la cesta, a ciegas. Sujétalo en las manos y pide al espíritu que te muestre la emoción a través del color. Pide ver o sentir lo que sentía hoy el propietario del objeto. Y pide tener una pista de a quién pertenece el objeto.

Ahora cada persona puede compartir por turnos los colores que vio, o las emociones que sintió, y su suposición de a quién pertenece el objeto. Compara la información emocional procedente del objeto con la del propietario del objeto. ¿Han sentido hoy esas emociones? ¡Creo que te sorprenderá lo preciso que puede ser!

Toma nota también de cómo recibiste la información del objeto o sobre el objeto. ¿Viste de hecho un color, viste una expresión en el rostro de alguien o sentiste una emoción en tu interior como si fuera tuya? Ésta será tu primera pista sobre la forma en que el espíritu se comunica contigo con mayor eficacia.

Ejemplo de Ejercicio nº 3:
Conociendo al Espíritu

Una vez que hayas probado los dos primeros ejemplos de ejercicio varias veces con éxito, y te sientas cómodo meditando, es hora de pasar a este tercer ejercicio. Este ejercicio se realiza mejor con un grupo o al menos con otra persona. También se puede hacer solo, pero sólo como ejercicio psíquico: no podrás validar ninguna de tus experiencias con este ejercicio sin la presencia de otra persona.

Antes de que empieces este ejercicio, pueden ocurrir algunas cosas, y quiero que estés preparado para que no te asustes ni te sientas incómodo. Cuando nos mezclamos con el espíritu por primera vez, o las primeras veces, a veces puede resultar abrumador, incluso literalmente nauseabundo. Su energía y vibración son tan enormemente diferentes de lo que estamos acostumbrados a sentir que a menudo podemos sentirnos mareados, aturdidos, cansados o nerviosos, y nuestro corazón puede latir con fuerza (o al menos eso parece). Todo esto es muy normal. Incluso ahora, cuando canalizo a un ser querido muy fuerte, puedo sentirme mareada. Pero cuando empezamos a canalizar la energía del espíritu y a transmitir su información, es como si activáramos una válvula de liberación de presión. Al dar vida a su mensaje, estamos liberando la energía que nos hace sentir abrumados o aturdidos. Como preparación para este primer encuentro con el mundo espiritual, asegúrate de permanecer sentado. No pienses levantarte, al menos durante un rato. Y recuerda: estás a salvo y protegido en la luz del Gran Espíritu, siempre. Los seres queridos del Espíritu quieren que trabajes con ellos: estás destinado a hacerlo. Así que tu primer derecho en este trabajo es estar siempre protegido, y así lo estás.

Comienza tu meditación como de costumbre. Cerca del final de tu meditación, no termines. Permanece un momento en esa energía. Ahora pide al espíritu, a un ser querido de alguien que esté en la sala contigo, que se acerque a ti. Y ahora espera. Sigue esperando. No esperes ver nada, más bien permanece abierto a lo que puedan darte a conocer. Espera a que algo entre en tu campo de energía. ¿Puedes sentir o ver algo? ¿Quizá una onda o una chispa de luz? ¿De qué color es? ¿O puedes sentir una nueva emoción o sensación? ¿Te hormiguea alguna parte del cuerpo, como la piel de gallina, pero no tienes frío? ¿O puedes ver una cara? Ahora, pídeles que se acerquen aún más. Y ahora, ¿qué sientes, ves o sabes? Intenta sentir o preguntar al espíritu sobre algunas cosas introductorias:

- ¿Son masculinos o femeninos (a menos que puedas verlos, en cuyo caso puede que ya lo sepas). Si no puedes verlos, ¿tienes un presentimiento del espíritu cerca de ti, como un conocimiento interno de si son masculinos o femeninos? Si no puedes captarlo como una energía, pide al espíritu que te muestre su rostro o que te muestre un símbolo masculino o femenino. Sin embargo, recuerda también que el espíritu puede referirse a su sexo o género y, por supuesto, la biología y la identidad no siempre son lo mismo.

- ¿Cuál era su personalidad cuando estaban aquí, en el mundo físico? En respuesta a esto, puede que te hagan oír una sonora carcajada, o que te sientas muy tímido por un momento, o que te hagan sentir malhumorado o retraído. O quizá se muestren con una de sus típicas expresiones faciales que dicen más que mil palabras. Sea como sea que te llegue la información, estate abierto a recibirla.

- ¿Cómo pasaron del mundo físico? En respuesta a esto, pueden hacerte sentir algo en tu propio cuerpo, o pueden mostrarte una zona de su propio cuerpo que contribuyó a su fallecimiento. Otra posibilidad es que el espíritu te muestre la escena de su fallecimiento con todo detalle, o que te envíe un pensamiento o una palabra que describa la causa de su fallecimiento. De nuevo, estate abierta a cualquier forma en que se comunique la información.

Agradece al espíritu que se haya acercado y vuelve a tu conciencia habitual. Puede que pienses que te gustaría lograr más comunicación que ésta la primera vez que te encuentras con un ser querido, pero créeme, ¡es probable que te sientas abrumado por la sensación de fundirte con el espíritu e incluso puede que olvides estas tres primeras preguntas!

Asegúrate de anotar toda la información que recibiste del espíritu. ¿Te mostraron su rostro como masculino o femenino, o te hicieron saber su identidad de un modo diferente? ¿Cómo supiste su personalidad: como un conocimiento o pensamiento interno, o te mostraron lo que parecía un carrete de película reproduciendo una escena que representaba su personalidad? Y cuando supiste cómo pasaron del mundo físico, ¿te hicieron sentir algo en tu propio cuerpo, te mostraron algo visualmente o simplemente supiste algo que antes no sabías? Toma nota de todas estas cosas, y de todas las formas en que el espíritu se comunicó contigo. Comprender cómo trabajan contigo los seres queridos espirituales te ayudará a ser más preciso, antes.

Repitiendo este ejercicio muchas veces, podrás determinar cuáles son tus fortalezas psíquicas. ¿Eres sobre todo clarividente, ves mejor? ¿O sientes o sabes mejor (clarisensibilidad/claricognosciencia)? O tal vez oyes la mayor parte de lo que el espíritu intenta comunicar en forma de audición de un pensamiento interno (clariaudiente). Aunque la mayoría de los Médiums tienen una fortaleza significativa en una de estas formas de comunicación con los espíritus, estate abierto a la comprensión de que es probable que recibas información de todas estas formas, y no sólo a través del medio que crees que se te da mejor.

Después de leer esta parte del capítulo, voy a dejarte con este consejo: Ten paciencia. Si la primera vez que intentas mezclarte con el espíritu no ocurre nada, simplemente vuelve a intentarlo otro día. Si meditas con regularidad y progresas con las experiencias de meditación, el espíritu aparecerá inevitablemente. Así que simplemente espéralo. Como he señalado antes, todo lo que se desarrolla para ti sucede al ritmo que es perfecto para ti, aunque no lo creas. Desgraciadamente, ¡no podemos discutir eso con el universo!

Parte 3: Eleva tu Vibración

Una vez que hayas dominado el silenciamiento de tu diálogo interno (mediante la meditación), y hayas aprendido algunas de las formas en que el espíritu se comunica contigo, debes aprender a elevar tu vibración sin entrar en una meditación completa. Ahora mismo te estarás preguntando: "¿qué diablos significa elevar tu vibración?". Pues bien, todas las cosas llevan una vibración o nivel de energía, y esta vibración o energía se rige generalmente por la densidad. Es la vibración física y el rango de frecuencia de los objetos o las personas que permiten que nuestros sentidos humanos los perciban. Imagina que cuanto más denso es un objeto, más baja es su frecuencia o vibración. Además, imagina que el espíritu, algo que carece por completo de forma física y densidad, vibra a una frecuencia mucho más alta. Tan alta, de hecho, que nuestros cinco sentidos habituales no pueden percibirla. Y mientras nosotros necesitamos elevar nuestra vibración para conectar con el otro lado, nuestros seres queridos tienen que bajar la suya a un nivel tal que tengamos la más mínima esperanza de percibirlos.

La mayoría de las personas pueden sentir intuitivamente la vibración, pero muchas son totalmente inconscientes de lo que perciben.

Un buen ejemplo para ilustrar nuestra capacidad innata de percibir y leer la energía es la situación habitual de entrar en una sala llena de gente en una fiesta. Poco después de entrar, la mayoría de la gente hace un escaneo energético de las personalidades que les rodean, y aunque la mayoría piensa que sólo está escuchando las palabras que pronuncian otras personas, en realidad está percibiendo frecuencias vibratorias. Y te darás cuenta de que, en función de cómo "sientas" a alguien, te sentirás atraído por él, o te sentirás totalmente desinteresado.

Es importante para mí señalar o afirmar lo obvio, dado el trabajo que realizo: Que no podamos percibir algo con nuestros cinco sentidos habituales, no significa ni prueba que no exista. Un ejemplo excelente de esto que he oído muchas veces es el silbato para perros. Si hacemos sonar el silbato, nosotros (los humanos) no lo percibimos (oímos). Pero ¡todos sabemos que los perros lo oyen!

La buena noticia es que ampliar nuestra conciencia (parte de lo que ocurre en la meditación) eleva nuestra vibración lo suficiente como para percibir el espíritu. Por eso, cuando estamos en estado de meditación, nos resulta mucho más fácil ver, oír o sentir al espíritu. Así que, al principio, es mejor meditar para conectar con el otro lado. Pero no te preocupes: una vez que adquieras experiencia en la conexión, no tendrás que meditar durante un largo periodo de tiempo, si es que lo haces.

Así que hablemos de cómo elevar tu vibración sin pasar por una larga meditación. Hay decenas de técnicas que pueden utilizarse para elevar tu vibración, pero me centraré en las que yo utilizo en la práctica. Ten en cuenta, no obstante, que utilizo estas técnicas no porque me las hayan enseñado así, sino porque a mí me funcionan y me parecen correctas. Del mismo modo, mis técnicas son sólo una guía para que empieces, y si algo no te parece bien o no te "suena", inténtalo de otro modo. Tú eres único y, por tanto, tu práctica nunca será exactamente igual a la de otra persona.

Para mí, el proceso de preparación para una lectura dura unos diez minutos antes de que esté lista para mezclarme con el espíritu. Empiezo con una oración. En mi oración, pido a la energía divina que me llene de luz y amor, y pido a los ángeles de protección que velen por mí. También pido que me sirvan lo mejor y lo más elevado, y siempre termino con un "Gracias". Con mi oración, mi intención está fijada, y he elevado mi vibración hasta cierto punto. Tras mi oración, visualizo una limpieza y equilibrio de chakras en mi propio cuerpo, que se completa con un ejercicio de enraizamiento en el chakra raíz y a través de la planta de ambos pies. El ejercicio de limpieza, equilibrio y conexión a tierra de los chakras es bastante sencillo, y puede complementarse con cristales u otras herramientas. Yo no utilizo ninguno habitualmente, pero lo he hecho, y eso también está bien.

Los chakras son los centros de energía de nuestro cuerpo, y hay siete principales alineados aproximadamente a lo largo de la columna vertebral. Cada chakra corresponde a partes concretas de nuestro cuerpo físico, y también a partes concretas de nuestra conciencia. Recomiendo encarecidamente profundizar en el aprendizaje relacionado con los chakras, ya que comprenderlos es una parte vital para trabajar desde una perspectiva espiritual.

He aquí un resumen de la limpieza y el equilibrio de los chakras que utilizo en mi consulta:

- Empezando por el séptimo chakra (coronilla), situado en la parte superior y central de la cabeza, visualiza una flor de loto de color violeta o blanco que se abre lentamente. Visualiza un rayo de luz blanca que entra en el loto a través de la coronilla y llega a tu cabeza desde arriba, y di Ábrete para recibir con claridad. El chakra de la coronilla representa nuestra capacidad de estar conectados espiritualmente.

- En el sexto chakra (tercer ojo), situado entre las cejas, visualiza un círculo giratorio de color índigo. Imagina que se expande cada vez más. Observa cómo la luz blanca que entra por tu coronilla llega ahora a tu tercer ojo, y di Ábrete para ver con claridad. El chakra del tercer ojo representa nuestra capacidad de enfocar y ver espiritualmente (incluso de ver el espíritu).

- En el quinto chakra (garganta), situado en la garganta, visualiza un círculo giratorio de color azul celeste. Imagina que se expande cada vez más. Visualiza ahora la luz blanca que desciende hasta la garganta, y di Ábrete para hablar, escuchar e interpretar con claridad. El chakra de la garganta representa la comunicación y la expresión de nuestras verdades personales.

- En el cuarto chakra (corazón), situado en el centro del pecho, visualiza un círculo giratorio de color verde. Imagínatelo cada vez más grande. La luz blanca de arriba llega ahora hasta el corazón. Y di Ábrete al amor y a sentir con claridad. El chakra del corazón representa nuestra capacidad de amar y expresar compasión. Para mí, es especialmente importante trabajar para equilibrar y limpiar el chakra del corazón. Mucha gente (no Médium) piensa que el trabajo que hacemos se filtra por la cabeza y sale por la boca. Pero en realidad, como en todas las prácticas de sanación espiritual, el trabajo se realiza a través del corazón. La información de arriba (del espíritu) se filtra primero a través del corazón.

- En el tercer chakra (plexo solar), situado en la parte superior del abdomen, visualiza un círculo arremolinado de color amarillo que se expande bastante. La luz blanca de lo divino llega ahora al plexo solar. Di Ábrete a la confianza. El plexo solar representa nuestra capacidad para tener confianza y sentirnos cómodos con nosotros mismos. ¿Alguna vez has estado nervioso por una actuación, o tal vez por un examen? ¿No puedes comer por los nervios, tienes el estómago revuelto, mariposas en la panza (no de las que tienes cuando te enamoras por primera vez...)? ¡Todos esos son ejemplos de que tu plexo solar está inquieto!

- El segundo chakra (sacro) está situado en el bajo vientre, unos dos dedos por debajo del ombligo. Visualiza aquí un círculo giratorio de color naranja. A medida que se agranda, la luz blanca de arriba llega hasta él. Di Abierto a la satisfacción y a la aceptación. El chakra sacro representa la abundancia, el bienestar y el placer.

- En el primer chakra (raíz), situado en la base de la columna vertebral, visualiza un círculo giratorio de color rojo. Cuando el chakra se expanda y la luz blanca se funda con él, di Abierto al enraizamiento. Desde aquí, visualiza raíces que brotan de tu primer chakra y de las plantas de tus dos pies. Visualiza que estas raíces se extienden profundamente, hacia la tierra. Cuando lleguen al centro de la tierra, envuelven con fuerza un cristal de color (a tu elección) o una roca o piedra grande. La intención es que esta práctica te mantenga enraizado (en el plano físico) mientras dure tu trabajo. El chakra de la raíz representa los cimientos y el estar enraizado.

Ahora visualiza todos tus chakras, de arriba abajo, totalmente alineados e idénticos en tamaño y forma, arremolinándose en sus respectivos colores y en la luz blanca de arriba. Completa tres respiraciones espirituales o diafragmáticas (inhala en el vientre y el pulmón inferior, subiendo hasta los pulmones medios y superiores, y luego exhala). Y ahora estás preparado para empezar.

Quizá te preguntes cómo durante una lectura espontánea, cuando no te has "preparado", podrás percibir y comunicarte con el espíritu. Pues aquí tienes la respuesta: Como ser humano con una práctica espiritual, con el tiempo y de forma natural empezarás a vibrar a un ritmo más alto que alguien que no mantiene una práctica espiritual -casi todos los practicantes espirituales lo hacen-. Así que te costará muy poco esfuerzo, si es que te cuesta, mezclarte con el espíritu en cualquier momento.

CAPÍTULO 5
Signos, Símbolos y el Factor Confianza

Además de la información literal, el espíritu utiliza signos y símbolos para comunicarse con nosotros. Así que te preguntarás: "¿Cómo sé lo que significan los símbolos, cómo los interpreto?". Bueno, de momento, voy a ayudarte con eso. Para empezar, debes utilizar los signos y símbolos de otra persona, ya sean de un profesor o de un libro. De lo contrario, puede que no tengas ni idea de lo que el espíritu te está mostrando o intentando decir. Puede que seas capaz de ver lo que te están mostrando, pero a falta de que el espíritu te muestre sólo cosas literales, ¡probablemente no tendrás ni idea de lo que significa todo!

Es importante aprender los signos y símbolos, sobre todo cuando el espíritu se comunica contigo visualmente (a través de tus capacidades clarividentes). Pero, ¿y si confías sobre todo en sentir, saber u oír? ¿Cómo te ayudarían los signos y símbolos? Bueno, la mayoría de los Médiums utilizan una combinación de ver, sentir, saber y oír. Incluso los Médiums que no ven rostros espirituales reales suelen ver las imágenes que les comunica el espíritu. Pero si tu forma de comunicación más fuerte no es la visión, es probable que el espíritu se comunique contigo utilizando información más literal. Por ejemplo, si sientes dolor en la cabeza al canalizar a un ser querido, tal vez te esté diciendo que tuvo cáncer cerebral, un derrame cerebral o quizá la enfermedad de Alzheimer. Si el espíritu quiere hablarte de un recuerdo que compartió con su ser querido, puede que te haga recordar un recuerdo similar que tengas con tu propia familia para establecer la conexión. En estos casos, un diccionario visual podría no ser útil. Pero incluso utilizando la clarividencia, la clarocognición o la clariaudiencia, el espíritu seguirá comunicando información que podría representar más de un significado, así que asegúrate de tomar nota de todos los posibles significados de una sola información. Un ejemplo de esto podría ser si el espíritu te hace sentir un hormigueo en las piernas. Podría significar que tenían problemas en las piernas y no podían andar muy bien antes de fallecer, o podría significar que tenían hinchazón en las piernas a causa de la diabetes, o quizá que sólo tenían una pierna. Independientemente de cómo recibas la información del espíritu, con la práctica irás comprendiendo cada vez mejor lo que significa todo ello, y es probable que descubras que el diccionario de elementos que se te proporciona aquí sigue siendo útil.

He desarrollado mi propio diccionario psíquico, que se amplía constantemente. Pero al principio, tuve que utilizar el de otra persona hasta que el espíritu empezó a adaptar signos y símbolos específicamente para mí. Tú también puedes esperar que, con el tiempo, el espíritu empiece a construir tu diccionario contigo. Empezarás a notar los mismos signos o símbolos durante las lecturas, una y otra vez. Y aprenderás a lo largo de tus lecturas que esos signos y símbolos siguen teniendo el mismo significado. Por ejemplo, recuerdo la primera vez que el espíritu me mostró una tubería clara. Mientras estaba sentada con mi cliente, le expresé que su ser querido me estaba mostrando unos tubos transparentes que parecían una vía de oxígeno o intravenosa. Entonces mi cliente reconoció que, de hecho, a su ser querido le habían puesto oxígeno antes de fallecer. Más tarde, esa misma semana, otro ser querido espiritual volvió a mostrarme el tubo transparente. Volví a decirle a mi cliente lo que estaba viendo, y me confirmó que su ser querido estaba conectado a una vía intravenosa antes de fallecer. Así que ahí estaba: la formación de un nuevo elemento del diccionario. A partir de ese momento, cuando el espíritu me muestra tubos transparentes, es un símbolo de que estaban conectados a una vía intravenosa o de oxígeno antes de fallecer.

Como otro ejemplo, mi símbolo para un ser querido del otro lado que tejía, hacía ganchillo o cosía es un dedal de metal. Éste fue uno de los primeros símbolos que aprendí del espíritu, directamente. Varias semanas seguidas, cuando era estudiante, me enseñaron el dedal, y todas y cada una de las veces, sin excepción, el ser querido en espíritu o el cliente al que estaba haciendo una lectura tejía, hacía ganchillo o cosía.

Aún así, hay Médiums, de los buenos, que no utilizan diccionario. Cuando se comunican con el espíritu, interpretan lo que sienten o ven en términos literales, y no tienen sentimientos o símbolos "estándar" que signifiquen siempre lo mismo. Puede que a ti te ocurra lo mismo, y no pasa nada. En cualquier caso, mantente abierto a la forma en que el espíritu se comunica contigo.

Antes de seguir adelante, hay algo de lo que tengo que hablarte: El factor confianza. Puedes conocer todos los símbolos del mundo que el espíritu pueda utilizar para decirte algo, pero a menos que confíes en el proceso y en lo que te están comunicando, nunca vas a abrir la boca y transmitir sus mensajes exactamente como te los están comunicando.

Aprender a confiar en el espíritu es un proceso, y no ocurre de la noche a la mañana. Experimentarás muchos casos en los que malinterpretes algo, o en los que tu cliente no entienda de qué estás hablando. O puede que tu cliente simplemente no lo recuerde en ese momento (lo que ocurre más a menudo de lo que crees), o puede que haya otra persona en su vida que pueda validarlo. Pero independientemente de la razón por la que algo no tenga sentido, si tu cliente no entiende o no puede validar algo que le estás contando, tu confianza se tambalea. Es algo seguro al principio del aprendizaje de la mediumnidad.

La confianza nerviosa puede hacerte dudar a la hora de decir exactamente lo que el espíritu te está comunicando. Puede que elijas decir algo más genérico en lugar de lo que te están mostrando específicamente, porque temes equivocarte o que tu cliente no lo entienda. Créeme cuando te digo que tendrás esta misma experiencia muchas veces, y es algo que tendrás que superar por ti mismo. Sigue adelante, sigue experimentando y descubriendo cosas. Pero recuerda... da siempre lo que recibes, exactamente como lo recibes. Si dejas que ésta sea la regla que te guíe cuando se tambalee tu confianza, lo harás muy bien. ¡Confía en mí!

El ejemplo del Diccionario Psíquico que se ofrece a continuación no es en absoluto una lista exhaustiva, sino que pretende ser un punto de partida. He incluido algunas de las referencias generales más comunes que los espíritus utilizan conmigo, y que también pueden utilizar contigo. Asegúrate de anotar cualquier signo o símbolo nuevo que el espíritu te presente, para poder referirte a los significados más adelante y no olvidar lo que algo significa.

Diccionario Psíquico

Luz de Color Rosa	La persona espiritual está enviando amor
Luz de Color Azul	Necesidad de sanación, preocupación por la enfermedad
Calor en la Cara, Corazón Latiendo Fuertemente	La persona espiritual era muy cercana al cuidador, no un pariente lejano
Luz azul que rodea una parte del cuerpo	Indica un área de enfermedad o trauma
Persona espiritual sosteniendo el pecho (mujer)	Enfermedad en el corazón, pulmón o pecho, o traumatismo en el pecho
Persona espiritual sosteniendo el pecho (hombre)	Enfermedad cardíaca o pulmonar, o traumatismo torácico
Sentir/Holer Humo o Ver un Cigarro	Un fumador
Oír una Tos Ruidosa	Enfermedad pulmonar y/o fumador
Mecer a un Bebé	Alguien tuvo hijos, puede haber perdido un hijo, o el cuidador ha perdido un hijo
Una mujer de pie en una cocina	Alguien era ama de casa, cuidaba de la familia
Una persona encorvada	Alguien con problemas de movilidad, que necesitaba ayuda o era muy lento y/o realmente estaba encorvado cerca del final de su vida en el mundo físico
Dedal	Alguien que teje, hace ganchillo o cose
Un uniforme	Alguien que trabaje en un entorno de cuello azul
Una camisa blanca	Alguien que trabaja en un entorno de cuello blanco
Manos en posición de oración/Un rosario	Una persona religiosa o espiritual

Un uniforme militar	Alguien que haya servido en el ejército, la policía, etc.
La sensación de chocar contra un muro de ladrillos	El fallecimiento de la persona espiritual fue rápido, repentino y/o inesperado
Chasquido de dedos	El fallecimiento de la persona espiritual fue rápido, repentino y/o inesperado
Mujer en espíritu con lápiz labial rojo	A la persona espirituosa le gustaba estar presentable y arreglada, se preocupaba por su aspecto
Íconos religiosos	Una persona religiosa
Tubos transparentes	La persona espiritada tenía una vía de oxígeno o intravenosa antes de fallecer y/o recibía tratamiento médico relacionado con la enfermedad
Bata de hospital	La persona espirituosa fue tratada médicamente antes de fallecer
Una mano en la espalda	La persona espiritual apoya una idea o decisión
Persona con el corazón por encima de la cabeza	Son cónyuges

Repasa este diccionario unas cuantas veces hasta que sientas que recuerdas algunos de los signos y símbolos, y empieza a pedir al espíritu que utilice algunos de estos signos y símbolos contigo. Recuerda también que los signos y símbolos no constituyen la totalidad de la forma en que los espíritus se comunican con nosotros: una gran parte de lo que comunican es información literal, y utilizarán cualquier número de formas para hacernos llegar esa información. Por ejemplo, si el espíritu quiere comunicarnos que se movió mucho y que nunca permaneció mucho tiempo en un mismo lugar, puede hacer una de las siguientes cosas:

- MUESTRA que eres una persona que va de un sitio a otro, sin quedarse nunca mucho tiempo

- Darte la SENSACIÓN de lo que se siente al no estar nunca arraigado, y al moverte de un sitio a otro

- Darte un CONOCIMIENTO interno, del mismo modo que sabes cuál es tu nombre, que se movieron durante toda su vida

- ¿Has OÍDO pensar algo como "Me he mudado mucho"?

Con todas las formas en que el espíritu puede comunicarse con nosotros, puede costar trabajo determinar qué es un símbolo y qué es información literal, y eso está bien. Si necesitas que el espíritu te aclare lo que te está mostrando, sólo tienes que preguntar y esperar la respuesta. Si lo que responde el espíritu no está más claro que antes de que pidieras aclaraciones, empieza por decirle a tu cliente exactamente lo que el espíritu te está mostrando o haciendo que sientas/sepas/oigas. Si no pueden entender la información en términos literales, navega por lo que podría significar simbólicamente.

Los diccionarios psíquicos se amplían y cambian constantemente, al igual que nuestras habilidades como Médiums para interpretarlos. No es ningún secreto que cuanto más tiempo trabajes con el espíritu y mayor sea tu diccionario, más hábil serás para aportar no sólo mucha información, sino información específica y única. Si te encuentras sin un símbolo que te gustaría tener, simplemente pide al espíritu que te haga uno. Por ejemplo, si no tienes un símbolo para una conexión de cáncer relacionada con un fallecimiento, pide al espíritu que utilice una cabeza afeitada como símbolo. O puedes pedirle que te muestre un lazo contra el cáncer, si lo prefieres. La cuestión es que nosotros también podemos hacer sugerencias de símbolos y pedir a los espíritus que nos complazcan, ¡así que no tengas miedo de hacer la petición!

CAPÍTULO 6
Crear un Discurso de Apertura

La mayoría de los Médiums sólo requieren el nombre de pila de un cliente antes de sentarse con él, y yo no soy una excepción (¡así que tú tampoco deberías serlo!). Considera la posibilidad de comunicar a los posibles clientes (quizá a través de un sitio web o una página en las redes sociales) que no deben darte ningún detalle por adelantado sobre su vida o la de sus espíritus. Quizá te sorprenda que, dada la oportunidad, muchas personas quieran contarte toda la historia de su vida antes incluso de que empieces una lectura. Pero es muy importante que no lo hagan. Si te cuentan todo lo importante sobre sí mismos, incluido a quién tienen al otro lado, ya no tendrás oportunidad de DARLES esa información. Imagínate esto: Si un cliente te dice: "Realmente quiero conectar con mi padre, Ron, que falleció de cáncer de pulmón hace tres años", entonces ya no puedes decirle: "Puedo sentir una energía paterna a tu alrededor, que hace referencia a su zona pulmonar relacionada con su fallecimiento, y también reconoce un nombre R". ¿Qué estarías demostrando tú o el espíritu al decir esa información después de que ya se te hubiera divulgado? Nada. Excepto que sabes escuchar. En la medida de lo posible, quieres ser tú, como Médium, quien proporcione la información sobre el espíritu.

Sin embargo, anima a tus posibles clientes a que vengan preparados sabiendo información sobre sus seres queridos en espíritu (nombres, cómo fallecieron, otros detalles de su vida) para que puedan validar la información que les llega. Como ves, la mediumnidad es un proceso de comunicación a tres bandas (cliente, Médium y espíritu), y cuanto más pueda comprender y reconocer tu cliente desde el espíritu, más fuerte será la conexión entre tú, el Médium, y el espíritu.

Los Médiums no podemos garantizar que una persona concreta del espíritu se manifieste: el espíritu tiene su plan para lo que ocurre y quién se manifiesta, y nosotros no podemos cambiarlo. Sin embargo, yo siempre digo a mis clientes que, aunque no está garantizado, suele ocurrir que la persona querida de la que realmente quieren saber algo se manifieste. Y sigo diciendo que creo que cuando nos comunicamos con el espíritu, obtenemos lo que necesitamos, ¡y no necesariamente lo que queremos!

Me preparo para una lectura (mediante la meditación y el equilibrio de los chakras) antes de que lleguen mis clientes. Pero una vez que llegan, no paso directamente a conectar con sus seres queridos. Empiezo con un discurso de apertura. Probablemente, alrededor de la mitad de mis clientes nunca se han sentado con un Médium antes de verme, por lo que a veces comprenden muy poco cómo funcionan las lecturas mediúmnicas. Mi discurso de apertura les prepara en cierto modo.

Puedes componer lo que te parezca adecuado, pero te daré un ejemplo básico de mi discurso, del que tal vez quieras escoger partes para formar tu propio discurso.

Mi discurso de apertura suele ser algo así

Como Médium, no puedo dictar quién viene del espíritu. El Espíritu tiene su propio plan para quién nos visita, y yo no puedo cambiarlo. Sin embargo, la mayoría de las veces oímos a quien queremos.

Es importante saber que comunicarse con el espíritu no es tan sencillo como que tú y yo estemos aquí sentados hablando. No hay conversaciones, ni diálogo, ni palabras, ni voces. Si me oyes decir "Me está diciendo esto...", es simplemente un estilo de presentación, pero en general no se me está diciendo ninguna palabra. El Espíritu me mostrará cosas, me hará sentir cosas, saber cosas u oír cosas en forma de pensamiento interno, y mi trabajo consiste en interpretar lo que significan esas cosas y presentártelas. Pero tú sigues formando parte de este proceso. Cuanto más puedas comprender y validar a partir de ellas, más fuerte será mi conexión. Así que, por favor, permítete ser emocional y vulnerable, porque hará que esta experiencia sea mucho más significativa.

La mayoría de las veces, son nuestra familia y nuestros amigos los que vienen del otro lado. Pero en ocasiones puede venir alguien relacionado contigo de otra manera. Por ejemplo, si tienes un compañero de trabajo, un amigo, una cuñada que ha perdido a alguien, es justo que esos seres queridos en espíritu vengan a darle un mensaje. Pero no te preocupes, porque si viene alguien así, no podrás validar mucho sobre ellos y no nos quedaremos mucho tiempo con ellos.

También hablo con mis clientes sobre la mediumnidad en televisión. Suelo decirles que creo que la mayor parte de la mediumnidad televisiva es auténtica, pero también les hago saber que algunos de los programas se editan, por supuesto, para mostrar sólo los mejores momentos de la lectura. Y, por desgracia, los programas editados no parecen mostrar partes de las lecturas en las que el cliente no entiende una referencia del espíritu. Pero todos sabemos que eso ocurre. Si alguna vez has visto mediumnidad en directo, sin editar y en público, verás que puede ocurrir, y de hecho ocurre, que los Médiums transmitan validaciones del espíritu que no tienen sentido para la persona que recibe la lectura. Por supuesto, esto ocurre porque la mediumnidad no es un proceso perfeccionado. No podemos definirla ni comprenderla por completo, así que, naturalmente, puede haber puntos durante las lecturas, públicas o privadas, en los que la comunicación sea imperfecta.

El objetivo de hablar sobre la mediumnidad en la TV es abordar las expectativas que puedan surgir al verla, y hacer saber a tus clientes que es normal si algo viene del espíritu que no pueden situar de inmediato. Según mi experiencia, si algo en una lectura no tiene sentido o no puede validarse, normalmente puede situarse más adelante, cuando alguien recuerde algo que ha olvidado o cuando otra persona de su vida pueda validarlo por él.

Otra cosa que debes tener en cuenta: fíjate si tu cliente cruza los brazos o las piernas antes o durante la lectura. Desde un punto de vista energético, esto dice "no estoy abierto". Y créeme cuando te digo que eso es exactamente lo que se comunica al mundo espiritual, y descubrirás que el espíritu tiene inmensas dificultades para trabajar contigo si su ser querido aquí en lo físico está "cerrado".

Nunca se ha sentado ante mí un cliente sin que le acompañe el espíritu. Sin embargo, con el espíritu no hay reglas rígidas, y nada es imposible. Si eso te ocurriera a ti (de antemano, durante tu preparación, no se presenta nada del espíritu, o cuando tu cliente se sienta delante de ti, no ocurre nada), mi consejo sería que lo consideraras así: Si el espíritu no se presenta ante alguien, probablemente sólo haya dos razones para ello. La primera y más probable sería que aún no forma parte de su viaje escuchar a su ser querido espiritual. Por la razón que sea, forma parte del plan de tu cliente recorrer esta parte concreta de su vida sin conectar con sus seres queridos en espíritu. Y eso no significa que se les deje recorrer su camino inmediato por su cuenta, sin guía divina. Siempre, siempre, siempre tienen acceso instantáneo a su ángel de la guarda y a su guía espiritual principal, y por supuesto al Gran Espíritu, también conocido por multitud de otros nombres por muchos, como Dios, Diosa, Universo, etc. Tenemos todo un equipo de ayudantes en el otro lado con los que estamos íntimamente conectados, todo el tiempo.

La segunda explicación posible de que nadie en espíritu dé un paso al frente podría ser que tu cliente realmente no tiene a nadie al otro lado con quien haya tenido una relación legítima y genuina. Esto puede sonar extraño: ¿por qué alguien visitaría a un Médium si nunca ha perdido a alguien cercano? Bueno, algunas personas sólo quieren vivir la experiencia de sentarse con un Médium, algunas sólo por vivir la experiencia, otras quizá con motivos distintos, como ponerte una zancadilla o desafiar tu capacidad. En cualquier caso, yo esperaría que esto ocurriera raramente, pero que al menos fuera posible. En estos casos, asegúrate de seguir tu instinto y pide a tus ayudantes espirituales que te guíen a través de la experiencia con tacto y amor.

Antes he mencionado que a quien escuchamos en espíritu suele ser a quien queremos escuchar. Pero no siempre es así. Creo que oímos a quien necesitamos oír, queramos o no. Sin embargo, como ocurre con la mayoría de las cosas, el tiempo que la gente pasa con un Médium es limitado: normalmente una hora, quizá menos, quizá un poco más. Ahora imagina que eres tú quien está sentado con un Médium, y que tienes varios seres queridos en espíritu que quieren conectar contigo. Imagina que hay una "fila" que tus personas en espíritu están haciendo para mezclarse con el Médium. El Médium empezará por la persona que llame primero su atención. Si esa persona resulta ser tu dulce abuela, que te quiere mucho, puede que se quede con el Médium 20 minutos o más. Ahora te quedan 40 minutos y aún no sabes nada de mamá. La siguiente persona que da un paso adelante es papá. Te quiere mucho, nunca has sabido nada de él desde su fallecimiento, y tiene mucho que decirte. Cuando papá te da sus mensajes, te quedan 10 minutos. En ese momento, el perro de tu infancia pasa corriendo y el Médium empieza a describirte al perro. Antes de que te des cuenta, se te ha acabado el tiempo y no sabes nada de mamá. ¿Significa eso que mamá no estaba allí? Tal vez, pero lo más probable es que no. Si mamá estaba más atrás "en la fila" (quizá porque su personalidad era más tímida), simplemente no tuvo la oportunidad de presentarse debido al tiempo limitado con el que trabajaba el Médium.

Entonces, ¿cómo podemos ayudar a nuestros clientes a evitar que ocurran este tipo de cosas? Bueno, hay una técnica para conectar con determinados seres queridos en espíritu que merece la pena mencionar. La mayoría de los Médiums la conocen, aunque, según mi experiencia, no es necesario utilizarla tan a menudo. Esta técnica se denomina "llamar por el nombre", y utilizar esta herramienta es a veces la única forma legítima de evitar que tu cliente no tenga la oportunidad de oír a alguien concreto en espíritu, suponiendo que la persona espiritual esté, de hecho, allí y dispuesta a conectar. Suelo decir a mis clientes algo así

Según mi experiencia, suele ocurrir que más de un ser querido se presente durante una sesión. Así que puede que la primera persona de la que oigas hablar no sea la persona de la que realmente te gustaría oír hablar. Lo que podemos hacer es que, si a mitad de la sesión aún no sabes nada de esa persona, podemos intentar llamarla por su nombre.

La forma en que funciona es que me fijaré en el espíritu más persistente, en virtud de su personalidad o de la importancia de su mensaje. Pero eso no significa que no haya otros seres queridos detrás de ellos "en la cola". Así que llamar por el nombre me permite pedir al espíritu más adelantado que se aparte y permite que la persona a la que llamamos, si está ahí, se salte la "fila" y pase directamente al frente.

Del mismo modo que nunca me he sentado con un cliente y no ha aparecido el espíritu, tampoco he llamado por su nombre y no ha aparecido exactamente esa persona espiritual. Pero si alguna vez te ocurre que la persona a la que llamas no da un paso al frente, yo le daría la misma explicación que ya he mencionado: que simplemente aún no forma parte de su viaje tener noticias de ese ser querido en concreto.

MARY-ANNE KENNEDY

CAPÍTULO 7
El Marco de una Lectura

¿Recuerdas tus días de escuela primaria o elemental el aprendizaje del "orden de operaciones" en matemáticas? Pues bien, de forma parecida, una buena lectura de mediumnidad tiene un orden general. Es algo que habrás notado si alguna vez te has sentado a más de una lectura de mediumnidad.

Una lectura mediúmnica probatoria se compone generalmente de dos partes: La primera parte es la presentación de las pruebas, o la información validadora que aporta el espíritu. La segunda parte, que suele tener una duración mucho más corta en comparación con la primera, son los mensajes. Los mensajes son fragmentos significativos de orientación, consejo o expresión que pueden o no ser validadores, pero que pretenden llegar al corazón de los receptores del mensaje.

Recuerda: Cualquiera puede decir "Tengo a tu madre dando un paso al frente, y está diciendo que te quiere". Puede que se estés produciendo una mediumnidad real, pero no se demuestra nada al decir lo que acabo de citar. La mediumnidad probatoria es la que proporciona información única y específica de y sobre la persona en espíritu - normalmente cosas que la gente describiría como información que el Médium no podría saber a menos que estuviera en auténtica comunicación con un ser querido fallecido. La mediumnidad evidencial es lo que yo practico y es lo que le enseño en este libro.

Hay algunas piezas básicas de información que, como Médium, deberías obtener del espíritu y presentar a tu cliente o a la persona que lo sienta en todas y cada una de las lecturas que realice. No sólo hay información específica que necesitarás preguntar al espíritu, sino que también hay un orden general para hacerlo.

Al utilizar el orden de las preguntas que te voy a dar, estará presentando información (la prueba de que se está comunicando con un ser querido único del otro lado) a tu cliente de una forma que mantiene a raya la confusión, y de una forma que te ayudará a reconocer enseguida a cuál de sus seres queridos estás haciendo pasar. A medida que crezca tu experiencia, puede que desees mejorar la lista de preguntas o cambiar el orden, pero mientras estés aprendiendo, ¡"cíñete al programa", como diría mi padre! El espíritu pronto aprenderá qué preguntas va a hacer y cuándo, y en algún momento, ya no necesitarás hacer las preguntas en absoluto - simplemente te dará las respuestas antes de que salga una palabra de tu voz interna. Es como esto: ¿Ha ido alguna vez a la misma cafetería, día tras día pidiendo el mismo café doble-doble, y un día, la persona que trabaja en el mostrador ya no te pregunta por tu pedido porque ya sabe cuál es? Pues al espíritu le pasa lo mismo. Llega un momento en que ya no tienen que esperar a que les preguntes, ¡ya lo saben!

Antes de pasar al marco de preguntas de una lectura, es importante hablar del lenguaje de una lectura. ¿Qué quiero decir con eso? Bueno, es importante que cuando transmitamos lo que el espíritu nos está comunicando utilicemos un lenguaje apropiado o preciso. Por ejemplo, si el espíritu se adelanta y sientes la energía de alguien que era callado, reservado o conservador, entonces considera describir esa información de esta manera: "SIENTO que su personalidad está un poco en el lado tranquilo". O si el espíritu te muestra un perro pequeño con el que están conectados, di: "Me ESTÁ MOSTRANDO un perro pequeño al que quería mucho". Otro ejemplo podría ser si el espíritu te envía un pensamiento audible de un nombre, podrías decir "Estoy OYENDO el nombre Betty". El punto aquí es utilizar una variedad de palabras para describir cómo el espíritu se está comunicando contigo (ver, sentir, oír, oler, etc.), porque no sólo es preciso con respecto a cómo se están comunicando contigo, sino que también añade dimensión a lo que estás diciendo. Intenta evitar decir "ya veo". Por ejemplo, en lugar de decir "Veo un gran vehículo azul", diga "Me está mostrando un gran vehículo azul". Esto ayuda a su cliente a entender que lo que está viendo procede del espíritu y no sólo de tu vista psíquica.

Información a obtener del Espíritu, por orden

1. ¿Son hombres o mujeres en términos de género o identidad?
2. ¿Son jóvenes, mayores, de edad intermedia?
3. ¿Cuál es su aspecto físico?
4. ¿Cómo pasaron del mundo físico?
5. ¿Cómo era su personalidad?
6. ¿Qué aficiones/intereses tenían?
7. ¿En qué trabajaban?
8. ¿Cuál es un recuerdo compartido entre ellos y su ser querido aquí?
9. ¿Hay algún momento que hayan dejado atrás?
10. ¿Cuáles son algunas fechas especiales para reconocer (cumpleaños, aniversario, cuando alguien falleció, etc.)?
11. ¿Qué nombres especiales hay que reconocer (el suyo, el de alguien de la familia, el de una mascota especial, etc.)?
12. ¿Qué es lo que han visto hacer a su cliente recientemente o desde su fallecimiento (esto demuestra a su cliente que su ser querido aún existe y forma parte de su vida, viendo lo que hace y apoyándole en su vida)?
13. Mensajes que desean compartir (¿por qué han dado un paso al frente?)

Cuando empieces a dar lecturas, asegúrese de anotar las respuestas del espíritu. Ten siempre a mano papel y bolígrafo mientras te preparas para la lectura y durante la misma. A menudo, durante la preparación de una lectura, el espíritu empezará a enviarte información que puedes olvidar para cuando llegue tu cliente.

Hay muchas otras preguntas que puedes hacerle al espíritu durante una lectura, y puedes ser tan detallado como más te sientas cómodo. Pero como mínimo, deberías aspirar a preguntar y recibir respuestas para la mayoría, si no todas, de las trece preguntas anteriores. Si todo lo que obtienes son las respuestas a estas preguntas, debería ser suficiente información para que tu cliente confíe en que te estás comunicando con su ser querido único en espíritu. E incluso si no pueden entender algunas de las respuestas, o simplemente te equivocas en algo, no pasa nada. El objetivo es conseguir que la mayoría de la información sea correcta, y sabrás a lo largo de la lectura si tu cliente siente o no que se le ha presentado suficiente información correcta.

Otra nota importante es no terminar nunca la lectura con una respuesta negativa de tu cliente. Por ejemplo, si se acerca al final de la lectura y estás a punto de pasar a los mensajes, asegúrate de que lo último que le dijiste a tu cliente en la parte de validación no fue algo que no entendió. Si lo fue, vuelve al espíritu y haz otra pregunta de validación, y no pases a los mensajes hasta que la última validación haya tenido un sentido absoluto y claro para tu cliente. Es muy importante que hagas todo lo posible para que tu cliente se sienta seguro y fiel de que su ser querido en espíritu está realmente presente.

Es posible que desees hacer algunas de estas preguntas adicionales una vez que te sientas cómodo con el intercambio de información con el espíritu:

- ¿Cuánto hace que fallecieron?
- ¿Qué edad tenían?

- ¿Qué aspecto tenía su casa?
- ¿Cómo fue el día de su funeral/memorial?
- ¿Fueron enterrados, incinerados u otro tipo?
- ¿Cuántas personas componen su familia?
- ¿Con quién están al otro lado?

También te darás cuenta de que cuantas más lecturas hagas, el espíritu te dará mucha más información que sólo las preguntas que le hagas. Y, por favor, permítele que lo haga: parte de la información más importante que quiere que compartas con su ser querido aquí estará en la comunicación que no sea en respuesta a una pregunta. Si el espíritu te comunica algo sin que se lo pidas, entrega esa información de la misma forma que lo haría con una pregunta respondida. Puede que no tenga contexto para lo que el espíritu está diciendo, pero entrégalo igualmente. Por ejemplo, podrías decir: "Su hermana me está mostrando cortinas de encaje sin contexto alguno, ¿puede entender lo que significa?".

Por último, termina siempre la parte de validación de tu lectura con una palabra abierta para el espíritu. Considera decir al ser querido espiritual: "¿Hay algo más que quieras decir?". Y luego espera. Si surge algo, estupendo. Si no, entonces has hecho tu trabajo honrando y representando a la persona espiritual con la que estás trabajando.

CAPÍTULO 8
¿Y si Nada Tiene Sentido?

En una situación ideal, el espíritu responderá a tus preguntas directamente, es decir, tu preguntas: "¿qué es lo que su ser querido aún tiene suyo?", y ellos responderán con una de esas cosas. Pero, por desgracia, ¡no siempre funciona así! La comunicación con el espíritu no es un proceso perfeccionado, y no es totalmente definible, por lo que cualquier Médium, por bueno o experimentado que sea, puede encontrarse con un cliente que no entienda algo del espíritu. ¿No sería asombroso que cada ser querido del espíritu diera de inmediato pruebas irrefutables como su nombre, segundo nombre y apellidos, su dirección, número de teléfono, matrícula, fecha exacta de nacimiento, muerte, etc.? ¿A que sí? Creo que todos desearíamos que funcionara así, pero por desgracia, no es así.

En lugar de responder directamente a tus preguntas, el espíritu puede darte una respuesta a una pregunta distinta de la que le estás haciendo. Por ejemplo, si le pides al espíritu que te muestre un recuerdo suyo, puede responder mostrándote varias cosas. Para este ejemplo, utilicemos un collar de perlas. Así que tu le dices a tu cliente: "Me está mostrando un collar de perlas, ¿tiene algo así de ella?". ¿Qué ocurre si tu cliente dice que no? Bueno, hay un par de opciones.

Si tu cliente no reconoce algo que te está transmitiendo de su ser querido, puede ser simplemente una cuestión de contexto incorrecto. Volvamos a las perlas: si tu cliente no puede reconocerlas como algo perteneciente a su ser querido espiritual que ahora tiene, intenta proponerle lo que el espíritu te está mostrando de una forma diferente. Por ejemplo: "Si no puede reconocer las perlas como pertenecientes a ellos, ¿puede entenderlas de otra manera? ¿Tenía perlas que otra persona que usted sabe podría tener de ella?". Puede que tu cliente acabe estableciendo la conexión de un modo distinto al que esperas, lo cual está perfectamente bien. Puede que acaben relacionando las perlas con algo completamente distinto al contexto en el que le planteaste al espíritu esa pregunta inicial. Por ejemplo, puede que le hagan saber que su marido acaba de comprar un collar de perlas para ellos, y en este caso, el espíritu le está mostrando algo que han visto suceder en la vida de su ser querido recientemente. Y de nuevo, eso está perfectamente bien.

Ya que hablamos de perlas que muestra el espíritu, recuerdo una lectura que hice por teléfono para una mamá y su hermana. Su sesión fue un hermoso reencuentro con su increíble hijo y su hermano a los que perdieron trágicamente sólo unos meses antes. Al final de su sesión llena de validación convincente y mensajes encantadores, su hijo y hermano me mostraron un collar de perlas, pero no en cualquier contexto. Sostenía las perlas en el aire. Entonces le dije: "Me está mostrando perlas. Sólo perlas. ¿Puede entender una conexión con él y las perlas?". Para satisfacción de mi corazón y de mi espíritu, la madre jadeó. Dijo que su apodo era "Pearly", y que antes de su lectura se dijo a sí misma que si su hijo mencionaba a Pearly, sabría que era él. ¡Qué maravilla!

A medida que aumentes tu experiencia, aprenderás a navegar por las aguas de dar sentido al contexto. También descubrirás que a medida que pase el tiempo, y tengas cada vez más lecturas en tu haber, una gran cantidad de información que te haya sido dada por el espíritu tendrá el contexto muy claramente comunicado. Y en otros casos, no habrá contexto en absoluto, y eso está bien. Como la mayoría de las cosas, familiarizarse, adquirir experiencia y ser bueno dando una lectura de mediumnidad es un proceso, ¡así que sigue con él!

Una mala interpretación de lo que dice el espíritu puede ocurrir en cualquier momento. Después de todo, la comunicación con el otro lado no es un proceso perfeccionado, así que por mucha experiencia que tenga, por muy experto que seas, pueden surgir cosas en una lectura que tú o tu cliente no entiendan. La mayoría de las veces, sin embargo, esas cosas que no pueden validarse durante la lectura pueden validarse más tarde (ya sea porque tu cliente recuerde algo que no pudo durante la lectura, o por otra persona de su vida).

Recibo correos electrónicos y llamadas telefónicas todo el tiempo de clientes a los que les surgieron una o dos cosas durante su lectura que no pudieron ubicar de inmediato, sólo para recordar algo en su camino a casa o para que alguien más en su vida les diera la validación. Recuerdo a una clienta que se sentó una tarde para hacer una lectura encantadora conmigo, y en su lectura surgió algo que no pudo ubicar. Yo estaba canalizando a su abuela paterna, y tan claro como el agua, la abuela me estaba mostrando un refrigerador. Ella me hizo saber, internamente, que el refrigerador estaba en su cocina (en un lugar donde ella solía vivir), y que este refrigerador conectaba con su hijo de alguna manera. Mientras navegaba por el contexto sin que mi cliente lo entendiera, simplemente le dije: "Tú no puedes entender esto, y yo no puedo cambiar lo que la abuela está diciendo. Me está mostrando que hay un refrigerador conectado a ella y a tu padre, así que por favor pregúntale a tu padre si puede entenderlo". Esa misma tarde, mi cliente me envió un correo electrónico contándome la respuesta de su padre a la pregunta. Resultó que la abuela había dado en el clavo, ¡aunque en aquel momento no tuviera sentido! Algún tiempo antes de que su abuela falleciera, al padre de mi clienta le pidieron que moviera el refrigerador de la abuela de la cocina donde vivía. Tuvo problemas para moverla y, frustrado, ¡lo tiró por el césped! ¡Qué recuerdo tan específico!

Así que a veces, por mucho que lo intentes, no serás capaz de entender el contexto, y de nuevo, eso está bien. Una cosa que veo a menudo con los Médiums nuevos o que están aprendiendo es la tendencia a dar bastante información sin contexto. Así que en lugar de ceñirse a un orden general de intercambio de información, y hacer todo lo posible por comprender el contexto, permiten que el espíritu simplemente les dé información en cualquier orden, de cualquier manera y en cualquier momento. Y el problema de esto es que el cliente no puede seguir la corriente, y tiene que hacer mucho trabajo para comprender incluso una sola pieza de información. Recuerde que, por lo general, las personas que no son Médium no entienden cómo funciona la comunicación con los espíritus, y no deberían tener que hacer el grueso del trabajo para comprender el mensaje, ¡ese es tu trabajo! Si descubres que el espíritu te está dando continuamente información sin contexto, o que con frecuencia no puedes entender el contexto, es probable que sea una indicación de que se necesita más práctica de la mediumnidad. ¡Así que considéralo como un reto para afinar tus incipientes habilidades!

Puede que en ocasiones encuentres que un cliente se siente particularmente cerrado. Puede que se crucen de brazos nada más sentarse contigo y que su energía parezca "no quiero estar aquí y, de todas formas, no te voy a creer". Siempre habrá clientes así, y seguramente descubrirás que por mucha validación concreta y sólida que les des, nunca será suficiente. Tu energía o tu comportamiento lo dejarán insatisfecho, y sentirás que necesita seguir adelante para conseguir esa cosa, esa pieza de información del espíritu que derribará su muro. ¿Pero sabes qué? Probablemente nunca llegará, y puede que sientas que no has hecho tu trabajo. Y eso está bien. Lo creas o no, no todas las personas que se sientan contigo están realmente preparadas o dispuestas a iniciar el crecimiento espiritual que puede suponer aprender que somos eternos. Puede que no estén preparados para saber que la muerte tal y como la conocemos -como el fin de la existencia, el fin de las relaciones, el fin de la emoción recíproca- es una mentira.

Ya hemos hablado de cómo se comunica el espíritu: a través de la vista, el sentimiento, la emoción, el conocimiento interno, los pensamientos, el oído (ya sea como pensamiento interno o un sonido audible). Pero hay otra forma en la que el espíritu puede hacernos llegar información... puede hacerlo de forma física. ¿Qué significa eso? Bueno, pondré un ejemplo para ilustrarlo. Hace algún tiempo, estaba haciendo una lectura a un cliente y me empezó a picar mucho la piel de las manos: ¡no podía dejar de rascármelas hiciera lo que hiciera! No tenía ningún motivo para que me picaran tanto, y estaba perfectamente bien antes de que nos sentáramos juntos (mi cliente y yo). Así que les pregunté si podían entender este picor constante en relación con la llegada de su ser querido (su mamá en este caso). Me encantó que me confirmaran que su madre tenía un eccema bastante grave y que le picaba todo el tiempo. Y no quería saber que en cuanto mi cliente lo reconoció, ¡el picor cesó! Asombroso. Así que, si te encuentras moviéndote de una determinada manera, diciendo las palabras de una forma diferente a la habitual, o quizás sintiendo algo en tu cuerpo que está seguro de que no le "pertenece", asegúrate de preguntar a tu cliente si puede entenderlo conectado con su ser querido espiritual.

Siempre digo que generalmente hay dos razones por las que el espíritu da un paso adelante. La primera es demostrar que todavía existen - que cuando pasamos del mundo físico, no estamos simplemente muertos y nos hemos ido. Primero somos almas. Y los pasos del uno al doce de la Información a obtener del espíritu en el capítulo siete son los que proporcionan al espíritu y a usted, como Médium, la oportunidad de demostrarlo. La segunda razón por la que el espíritu da un paso adelante es para dar a sus seres queridos aquí en el mundo físico consejos y orientación desde su perspectiva omnisciente y amorosa en el otro lado.

Lo he dicho antes y lo diré de nuevo: La combinación de validación y mensajes sirve como prueba de la continuación de la vida después de la muerte física, y demuestra que nunca estamos solos: ¡que nuestra conexión de amor sigue existiendo!

Ahora es un buen momento para empezar a practicar con tantos amigos, parientes y desconocidos como puedas. A veces, practicar con personas que conocemos bien puede resultar difícil porque sabemos mucho sobre ellas. Por ejemplo, no es válido que el espíritu te dé información sobre tres hijos si ya sabías que tu niñera (la persona que recibe la lectura) tiene tres hijos. Por eso, los desconocidos suelen ser los mejores. Pero, como estás aprendiendo, ¡los amigos y la familia suelen ser los que más perdonan tus errores!

Si te has unido a un círculo de desarrollo (online o presencial), es probable que te proporcionen personas de referencia, lo que te evitará mucho trabajo a la hora de buscar personas con las que practicar. Ahora bien, puede parecer extraño formar parte de un círculo de desarrollo online porque haces lecturas virtuales, es decir, no estás físicamente en el mismo lugar que tu niñera. Pero puedo decirte que, al otro lado, el tiempo y el espacio no son lineales como los percibimos aquí, y desde la perspectiva de la mediumnidad, no hay diferencia cuando se trabaja a distancia o en persona. ¡Mis maravillosos clientes telefónicos y por correo electrónico (y yo misma) podemos dar fe de ello!

MARY-ANNE KENNEDY

CAPÍTULO 9
Mantener una Práctica Espiritual

En comparación con los maestros, talleres, libros y demás, el espíritu es el mejor maestro de todas las cosas espirituales, sin excepción. Pero por muchas lecturas que des en tu vida, mantener tu práctica espiritual más allá de "dar lecturas" es muy importante.

Aunque es seguro decir que cada encuentro con el espíritu es digno de considerarse un momento de aprendizaje, enriquecer y ampliar nuestra conciencia mediante experiencias nuevas y diferentes tiene un valor incalculable. A nivel del alma, nuestra evolución y crecimiento continuos sólo pueden mejorar nuestra conexión con el mundo espiritual y hacernos mejores Médiums.

Algunas de las experiencias más sanadoras y llenas de crecimiento que he tenido en mi camino espiritual han surgido al trabajar con otros practicantes. Por ejemplo, algunas de mis experiencias de mayor crecimiento surgieron de actividades como la Regresión a Vidas Pasadas y la Regresión a Vidas Entre Vidas.

Antes de hablar de la Regresión a Vidas Pasadas y la Regresión a Vidas Entre Vidas, te refrescaré las diferencias entre un espíritu y un alma. El alma puede definirse como nuestro yo completo o superior, y experimenta muchas vidas en su viaje hacia la perfección espiritual. En comparación con el espíritu, reiteraré la analogía del gajo de naranja: El alma se representa como una naranja: una naranja entera, compuesta de muchas rodajas. Las rodajas de naranja son los muchos aspectos o encarnaciones del alma, llamados espíritus. Así que mi alma, la naranja entera, reside en el mundo espiritual (aunque está siempre conectada y es una con mi espíritu aquí en la Tierra). Pero la rodaja de la naranja, el espíritu que está aquí experimentando esta encarnación, es Mary-Anne.

Durante la Regresión a Vidas Pasadas, se nos da la oportunidad de recordar otros aspectos de nuestra alma, u otras encarnaciones espirituales de la misma. Durante mi primera Regresión a Vidas Pasadas, rememoré el recuerdo del alma de ser un joven llamado Johnny. Del mismo modo que yo, Mary-Anne, soy un espíritu que forma parte de mi alma, Johnny también es un espíritu que forma parte de mi yo eterno: mi alma. Durante esa vida en particular, mi punto de paso, o el punto en el que morí en esa vida, fue un recuerdo traumático. Yo era un niño pequeño, de no más de ocho o nueve años. Fui enfermizo toda mi vida, y mi madre rara vez me dejaba salir. Ella era mi salvavidas y mi única cuidadora: lo era todo para mí en aquella vida. El día que me fui de aquella vida, estaba en la cocina de nuestra pequeña casa de madera, mirando a mi mamá a través de la ventana de la cocina.

Pude verla: estaba colgando ropa en un tendedero y tropezaba con las gallinas que tenía a sus pies. Deseaba desesperadamente que me oyera, pero de mi diafragma no salía más que un susurro. Empecé a sentir que daba vueltas, como si estuviera en una centrifugadora, y sabía que me estaba muriendo. Pero no quería estar sola. Pasaron unos minutos y mi pequeño cuerpo en aquella vida cayó al suelo, y ni un instante después estaba literalmente fuera de mi cuerpo. Recordé haber visto los rostros de mis seres queridos, mis antepasados, y su saludo me dio una gran paz. Quería ir con ellos, y ya no me angustiaba estar separada de mi mamá.

Unos meses más tarde tuve mi segunda experiencia con la Regresión a Vidas Pasadas. Esta vez visité una vida en la que era madre de dos niños pequeños. Mi momento de fallecimiento en esta vida también fue angustioso, probablemente incluso más que mi vida como Johnny. Esta vez, morí mientras intentaba salvar a mis dos hijos. Me encontraba en una pequeña aldea con mi familia, y llevaba a mis dos bebés en las caderas cuando irrumpió una gran caballería. No se detuvieron ante nada mientras cabalgaban, y apenas unos segundos antes de que fueran a aplastarnos, arrojé a mis bebés a una choza de lona. Sobrevivieron, pero a mí me pisotearon y morí salvajemente.

No me sorprendió lo más mínimo que el espíritu me hiciera recordar esas vidas concretas. Enseguida establecí la conexión entre esas experiencias de vidas pasadas y el miedo que sentía a que mi hija me perdiera, y esa conexión me ayudó a comprender parte de la razón por la que tenía esas emociones de miedo en primer lugar. Y lo que es más importante, reconocí a nivel consciente y subconsciente que no tenía ninguna base para mantener esa energía de miedo en mi vida actual. En los días y semanas que siguieron a mis experiencias de vidas pasadas, mi vida cambió.

Verás, tuve estas experiencias bastante pronto en mi desarrollo espiritual, y aún sufría la ansiedad de dejar a mi hija. Lenta pero inexorablemente, el agarre de la ansiedad y el miedo disminuyó, y siguió haciéndolo hasta que se aferró por un mero hilo. Y entonces, un día, me abandonó por completo, ¿o debería decir que yo la abandoné? Mis experiencias de vidas pasadas, junto con mi práctica de la meditación, la acupuntura, la sanación energética y el trabajo con el espíritu, fueron las piezas de mi rompecabezas del bienestar. Cuando comprendemos a un nivel fundamental que la muerte física no es el final de nuestras relaciones amorosas, nos liberamos de la carga del miedo a la muerte. Aprender que existimos en un nivel superior al de un cuerpo físico y saber que ésa es la verdad, de forma inequívoca, es muy sanador.

Durante la Regresión a Vidas Pasadas, viajamos, bajo hipnosis, a vidas que nuestra alma ha vivido antes de esta encarnación actual. Hay otras formas de acceder o experimentar algunas de nuestras vidas pasadas, como a través de un psíquico que pueda acceder a tu historia energética. Pero este tipo de experiencia es vicaria, lo que significa que no estás experimentando ni recordando nada de primera mano. Más bien, alguien te está contando cuál es su percepción. No se trata de desacreditar el hecho de tener una experiencia vicaria de vidas pasadas, porque sin duda tiene un valor de aprendizaje. Pero las mayores oportunidades de aprendizaje y sanación suelen venir de experiencias de primera mano.

En la Regresión a Vidas Pasadas, se nos brinda la oportunidad de acceder a los orígenes de muchas cuestiones que podrían afectarnos en esta vida, algunas de las cuales parecen no tener base ni razón de existir en nuestra vida. Los terapeutas de regresión a vidas pasadas te dirán que las emociones, pautas y pensamientos poderosos que se experimentan en vidas pasadas pueden manifestarse en esta encarnación de otras formas, como miedos, fobias, alergias, enfermedades y obstáculos en las relaciones.

Revisar los orígenes de viejas emociones o pautas, a través de la mente inconsciente, nos ayuda a liberar viejas pautas energéticas y a sanar. El objetivo de la Regresión a Vidas Pasadas es proporcionarnos una comprensión de la memoria del alma para que podamos liberarnos, perdonar y crecer, y nos da una mejor comprensión de quiénes somos, como alma.

La Regresión a Vidas Pasadas es una parte igualmente fascinante e importante del crecimiento espiritual y la sanación. Similar a la Regresión a Vidas Pasadas, la Regresión a Vidas Entre Vidas se experimenta bajo hipnosis, y se accede a la mente inconsciente. Durante la regresión, recuerdas la memoria del alma del tiempo que pasaste en el otro lado entre tu última vida y ésta.

Uno de los propósitos de la Regresión de Vida Entre Vidas es obtener una visión y comprensión de tu plan de vida actual (el plan que diseñaste para ti mismo), así como del propósito o propósitos de tu vida. Es una experiencia realmente increíble en la que se te ofrecen muchos placeres, como reunirte y comunicarte con tu guía espiritual principal, con tu grupo de almas (el grupo de almas con el que encarnas una y otra vez), reunirte con seres queridos fallecidos, ¡por nombrar sólo algunos! Otras experiencias o prácticas importantes para mí a la hora de mantener mi práctica espiritual incluyen cosas que nutren mi alma de corazón. Aparte de actividades maravillosas en las que participo regularmente, como retiros espirituales, reuniones, meditación y experimentar la naturaleza, también hago cosas puramente mundanas que tienen un enorme valor en mi corazón. En mi caso, monto a caballo: paso tiempo con uno de mis muchos ángeles terrenales: mi dulce caballo, Ralphie. El tiempo que paso con él no se parece a ningún otro. Después de nuestro tiempo juntos, me siento llena hasta el borde de amor y satisfacción. También observo aves. La observación de aves (o birding) aporta a mi vida un nivel de emoción y disfrute que ninguna interacción humana me ha aportado todavía, ¡una verdadera señal de que la actividad es uno de mis "alimentos del alma"! Si algo te hace sentir bien y te encanta, hazlo tan a menudo como puedas. Cuando tenemos experiencias a nivel del alma, como la Regresión a Vidas Pasadas u otros tipos de sanación, nos da un conocimiento de primera mano de la naturaleza del espíritu y, por tanto, de nuestra naturaleza, ya que nosotros también somos espíritus.

La autoexploración y la comprensión de tu propia alma te preparan aún más para trabajar al servicio de los demás y de lo divino, tendiendo un puente sobre la conexión entre el más allá y el más acá. En pocas palabras, debes haber adquirido tu propio conocimiento, comprensión y sabiduría para poder compartirlos con otra persona. Cuando estés completo, cuando estés sanado o sanando, entonces podrás ayudar a los demás a hacer lo mismo. Así pues, tiene sentido que el mayor trabajo de sanación que puedas hacer sea para ti mismo. Porque son tus propias experiencias con la sanación, la conciencia a nivel del alma y el crecimiento lo que te califica de forma única para ayudar a otros en un viaje similar.

MARY-ANNE KENNEDY

CAPÍTULO 10
Límites, Fronteras y Desconexión

Para mí era importante establecer límites con el espíritu en cuanto empezara a trabajar con ellos. Llegué a la conclusión de que si trabajaba con espíritus, quería sentirme cómoda, todo el tiempo. Nunca quería que me hicieran sentir incómoda o temerosa. También supe que sólo quería trabajar con espíritus que caminaran en la luz e irradiaran la luz y el amor más elevados. Antes he señalado que mi práctica no incluye cosas como el rescate de espíritus o la limpieza personal y de la casa de energías inferiores (energías que no abrazan ni existen en la luz y el amor divinos puros). No practico estas cosas porque no siento que formen parte del trabajo que debo hacer, al menos en este momento de mi vida. Como ya he dicho, hay muchos practicantes que son muy buenos en este tipo de trabajo, y sé que al menos uno de ellos es bastante excepcional... ¡así que le envío a ella a cualquiera que acuda a mí con este tipo de asuntos! Y estoy encantada de hacerlo, ya que, a diferencia de mí, ese tipo de trabajo forma parte del viaje de su alma.

Los lugares guardan vibraciones e impresiones

energéticas de acontecimientos que han tenido lugar allí a lo largo del tiempo, y aunque muchos lugares guardan vibraciones excepcionalmente altas (como Sedona, Arizona, por ejemplo), a veces los lugares guardan vibraciones que son más bajas (piensa en los viejos campos de batalla de Europa: si eres sensible a la energía, puedes sentir el recuerdo de lo que ha ocurrido en esos lugares). Al igual que la vibración o energía de los lugares tiene la capacidad de ser más baja, la energía de las personas espirituales también puede serlo. En ocasiones capto energía que puede tener una vibración más baja. Y cuando ocurre, simplemente elijo ignorarla y no prestarle ninguna atención. A veces pasa un poco de tiempo antes de que la persona espiritual de energía más baja capte lo que digo, pero la energía siempre acaba alejándose de mí. En ocasiones, he optado por retirarme de un lugar debido a una energía inferior abrumadora, lo que puede resultar incómodo a muchos niveles si eres sensible a la energía. Sigue tu intuición, como hago yo, para saber si debes permanecer en un espacio o alejarte de él.

Si te encuentras en presencia de una energía espiritual que no te resulta "cálida y difusa", tendrás que elegir cuál va a ser tu respuesta. Puedes elegir ignorar y no comprometerte. Sin embargo, si sientes que está en tu camino trabajar ayudando a este tipo de personas espirituales hacia la luz, mi recomendación es que trabajes con un practicante experimentado que pueda enseñarte a trabajar de forma segura con energías inferiores.

Tengo establecidos varios límites y limitaciones con el espíritu. Uno de los primeros que comuniqué al mundo espiritual fue que no quiero ver a las personas espirituales con mis ojos despiertos. Cuando los espíritus se comunican conmigo, son muy visuales. Pero he expresado que mi límite en lo visual es ver sobre todo con el ojo de mi mente (o tercer ojo). En realidad, no quiero ir al baño en mitad de la noche y ver a alguien pasar por delante de mí en la oscuridad, ¿quién querría eso?

Otra limitación que me aseguré de hacer saber a los espíritus desde el principio fue que nunca quiero que asusten o molesten a mis hijos o animales. Su sensación de bienestar es tan importante para mí como la mía propia, ¡y explicar qué son las personas espirituales a los niños y a los animales no es tan fácil! Si tienes niños pequeños o animales, quizá quieras considerar esto como una limitación para ti también.

A menudo les preguntan a los Médium sobre "apagarse" o "desconectarse". A veces los Médium dicen abiertamente que nunca se apagan, que no pueden, que siempre están conectados con el mundo espiritual y que nunca tienen un momento de descanso. Así que, vayan donde vayan o hagan lo que hagan, ven y sienten el espíritu. Pero en mi caso (y en el de muchos otros Médiums), funciono con un interruptor, por así decirlo. Voy a comprar al supermercado, como en restaurantes, voy a cenas y no me inunda el espíritu. Pero si quiero, simplemente puedo elegir encender mi interruptor, y puedo empezar a conectar con las energías del mundo espiritual. Así es como me gusta, me funciona y hace que mi vida sea bastante normal la mayor parte del tiempo.

Sin embargo, hay un momento del día que suele resultar difícil de manejar cuando se trata de ver el espíritu. En mi caso, es cuando me acuesto en la cama, ¡por supuesto! ¡Qué oportuno! Cuando me acuesto, me relajo y cierro los ojos, suelo ver caras de personas, pero no de personas a las que conozco. A menudo me devuelven la mirada, e intento apartar mi atención de sus caras, porque no es mi deseo conectar. Es entonces cuando empiezo mi técnica de "desconectar".

Para empezar, imagino una puerta dorada en lo alto de mi cabeza (en mi chakra coronario), y la visualizo cerrándose de golpe. Entonces cierro la puerta con llave y coloco la llave en mi chakra del corazón, de color verde brillante, para que esté a buen recaudo. Luego rezo una oración a mi ángel de la guarda pidiéndole un sueño tranquilo y protección.

Con el tiempo aprendí que mi técnica de desconectar funciona aproximadamente la mitad de las veces, y la otra mitad simplemente no funciona. Cuando no funciona, suelo orar a mis ángeles y guías espirituales, e imagino algo encantador en mi mente -normalmente mi caballo, galopando alrededor de un anillo de arena perfectamente aseado, y el paseo es cómodo como un sofá-. Entonces, normalmente, antes de que me dé cuenta, estoy dormida.

Creo que es importante establecer una práctica de desconexión. Aunque es hermoso y asombroso estar conectados con el universo y el espíritu, también tenemos que funcionar como seres humanos en el mundo físico, y a veces, si estamos muy profundamente conectados con el espíritu todo el tiempo, puede resultar difícil. Por ejemplo, imagina que estás sentado en una reunión de alto nivel haciendo una presentación sobre una nueva línea de productos que tu empresa acaba de lanzar. Ahora imagina que, durante la presentación, la difunta mamá de tu nuevo cliente no se aparta de tu campo de visión porque quiere hacer llegar un mensaje a su hija. ¿Te lo imaginas? En esa situación, ¡apuesto a que desearías haber aprendido a callarte!

Hablando en serio, es importante saber cómo limitar o cerrar tu conexión con el mundo espiritual, así que mi consejo es que te propongas aprender lo que funciona para ti. La desconexión o conexión a tierra es una práctica especialmente buena después de hacer una lectura a un cliente o de tener una experiencia espiritual. En mi caso, comeré algo y haré cosas bastante mundanas, como limpiar la cocina o los juguetes de los niños, ver la televisión o hablar con alguien de cosas no espirituales. Este tipo de actividades nos ayudan a conectarnos con la Tierra y a desplazar nuestra conciencia de lo espiritual a lo físico.

El Espíritu se me ha dado a conocer en muchos momentos inoportunos o inapropiados, y es probable que a ti te ocurra lo mismo. Y dependerá de ti saber qué es o no un momento inapropiado para transmitir un mensaje. Por ejemplo, recuerdo estar en el funeral de la abuela de mi marido, y pude ver y oír a la abuela, tan claro como el agua. Tenía un mensaje que quería que yo transmitiera a un par de sus hijos. Pero aunque sus hijos sabían que yo era Médium, nunca les dije lo que quería decirles. Esperé a un momento menos difícil para ellos, a un momento en que su dolor fuera un poco más leve. Te animo a que evalúes la situación antes de transmitir mensajes del espíritu, y si no estás segura, espera. No querrás encontrarte en una situación en la que un mensaje o una validación del otro lado haga que alguien de aquí se sienta abrumado o incómodo. Si ocurre que el espíritu se adelanta pero no estás preparado para transmitir el mensaje, simplemente dale las gracias por adelantarse y hazle saber que no podrás transmitirlo en este momento. Incluso puedes pedirles que creen otra oportunidad más adelante para compartir el mensaje, y si es realmente importante, es probable que lo hagan realidad.

CAPÍTULO 11
Dar Sanación a través de la Mediumnidad

Crear una chispa de esperanza en alguien -la esperanza de que sus seres queridos aún existen- es algo de una belleza excepcional. Cuando los clientes salen de sus sesiones conmigo sabiendo que sus seres queridos siguen vivos, aunque de un modo diferente, mi trabajo está hecho. Puedo decirte por experiencia que cuando alguien visita a un buen Médium en el momento adecuado de su duelo o de su vida, puede producirse la sanación más maravillosa y mágica.

De todos los maravillosos dones que es la mediumnidad, una cosa que no puede hacer la conexión con los seres queridos espirituales es sustituir el proceso de duelo. De hecho, sentarse con un Médium durante las primeras fases del duelo puede no hacer que nadie se sienta mejor o diferente. Tanto si sabemos que existen de otra forma como si no, nada puede cambiar el hecho de que aún tenemos que pasar por el proceso de aprender a vivir sin ellos aquí, en el mundo físico. Toda la validación del mundo no cambia el hecho de que sólo queremos que estén aquí con nosotros de la misma forma que estaban antes.

Cada persona es un individuo y se aflige y crece a su propio ritmo. La sanación es un viaje muy personal, y el momento adecuado para sentarse con un Médium no será el mismo para todos. He conocido a muchas personas que se beneficiaron mucho de la comunicación con un ser querido poco después de su fallecimiento. Y también he visto que la mediumnidad es mucho más significativa para alguien después de haber iniciado el proceso de sanación y haber salido de la espesura del shock y la incredulidad por el hecho de que su ser querido ya no esté aquí.

Una de mis lecturas más memorables fue con una joven viuda, que a todos los efectos no debería haberse sentado conmigo para una lectura. Volvía a casa de vacaciones con mi familia y, de camino, revisaba el correo electrónico mientras mi marido conducía. Tenía una petición de lectura de una joven que esperaba encontrarse antes de volver a Inglaterra unos días más tarde. Le contesté inmediatamente que no podría reunirme con ella, ya que mi lista de espera era de varios meses y, como acababa de llegar de vacaciones, tenía un millón y una de cosas que hacer cuando volviéramos. Envié la respuesta y, nada más pulsar el botón de enviar, mi hija me dijo: "Veo una luz roja, mamá. Como la luz de un ángel, pero roja". Justo entonces me puse colorada de calor, que es una señal que el espíritu utiliza conmigo para transmitir amor intenso. Supe al instante que alguien intentaba llamar mi atención desde el mundo espiritual, y determiné que estaba relacionado con la mujer a la que acababa de responder.

Antes de que pudiera responder, le envié otro correo electrónico para hacerle saber que haría todo lo posible y que estuviera atenta. Le dije al espíritu: "Si necesito reunirme con esta mujer, tienes que hacer que ocurra". Con todo lo que teníamos que hacer al llegar a casa para deshacer las maletas e instalarnos después de las vacaciones, estaba segura de que a mi marido no le apetecería mucho cuidar de nuestros dos hijos poco después de llegar a casa. Pero, como era de esperar, el espíritu hizo su magia y él se mostró encantado de acoger esta lectura improvisada. Así que quedamos para vernos dos días después.

Había perdido a su marido en un trágico accidente de equitación unas semanas antes, y estaba desesperada por ponerse en contacto con él antes de volver a Inglaterra, donde ambos vivían y montaban juntos. Cuando nos sentamos, lo primero que le dije, tanto a ella como a su madre, que la acompañaba, fue que, dado que su dolor era tan crudo y reciente, no importaba qué validación trascendental aportara su marido: no era probable que saliera de nuestra sesión sintiéndose mejor. Incluso llegué a decir que normalmente no me sentaría con alguien tan poco tiempo después de un fallecimiento por esa misma razón, pero cuando el espíritu me envió un mensaje a través de mi hija durante nuestro viaje en auto, simplemente no pude ignorarlo. Así que le hice saber que el espíritu había organizado nuestro encuentro por una razón y, fuera cual fuera, confiaba en que así debía ser.

Durante nuestra hora juntos, que fue la primera de muchas desde entonces, su increíble marido habló de aspectos contundentemente precisos de su vida y de la de ambos, de su fallecimiento, de sus familias, y la lista continúa. Habló de su repentino e inesperado fallecimiento que ocurrió al aire libre, habló de que su vida era un sueño hecho realidad consiguiendo hacer lo que amaba, habló de sus perros, de su caballo macho de color oscuro que aún vivía y de su gran reloj que tenía su esposa, así como de su anillo de boda. Habló de validación tras validación, y como yo esperaba, a pesar de todas las cosas asombrosas que demostró aquel día, en aquel momento sentí que apenas se conmovía. Y esto se debía al hecho de que simplemente le echaba mucho de menos. Pero si esa misma lectura hubiera tenido lugar tal vez seis meses o un año más tarde, esa información factual o de validación podría haber tenido mucho más peso del que yo creía que tenía aquel día.

Puesto que la sanación es un proceso, sentarse con un Médium para experimentar la prueba de la vida después de la muerte física es más poderoso cuando estamos verdaderamente preparados para aceptar esto como una realidad, y cuando además estamos preparados para seguir viviendo nuestras vidas sin nuestros seres queridos aquí con nosotros. En general, éste no es el caso de la mayoría de las personas tan poco tiempo después de perder a alguien.

Sin embargo, como testimonio del proceso de sanación, muchos meses, lecturas y experiencias después, tanto la joven como su madre han crecido y sanado de formas increíbles. Aún quedan muchas partes por desarrollar en sus viajes de sanación y duelo, pero ahora también han tenido muchas experiencias directas con sus seres queridos, sin la ayuda de un Médium. Y en gran medida, la suma total de todas sus experiencias con Médiums, el aprendizaje tradicional a través de los libros, el paso del tiempo y el apoyo y el amor siempre presentes del espíritu les han permitido saber que sus seres queridos siguen caminando con ellos. Sus seres queridos espirituales están presentes en sus vidas, y a menudo experimentan pruebas de ello.

Con el tiempo llegué a saber que había muchos puntos en común entre mi clienta, su marido y yo en espíritu, siendo la conexión más obvia los caballos (yo también monto). En segundo lugar, vivieron y entrenaron cerca de mí algún tiempo antes, aunque yo no sabía quiénes eran ninguno de los dos. Y por último, el día en que falleció su marido fue mi cumpleaños. Sé con certeza que el espíritu organizó nuestro encuentro, y estoy eternamente agradecida por la experiencia. Es probable que tú también encuentres algunas conexiones sincrónicas entre ti y algunos de tus clientes.

Algunos Médiums establecen un tiempo mínimo de fallecimiento de una persona antes de intentar canalizarla, para que el espíritu tenga tiempo suficiente de "atravesarla". Pero yo no suscribo esa idea, porque el espíritu ha demostrado una y otra vez que, al igual que nosotros somos individuos, ellos también lo son. Y algunos están listos y disponibles para conectarse muy poco después de su fallecimiento físico, y otros pueden tardar más. Con el espíritu, nunca hay una regla rígida: todo es posible.

El problema de ser Médium es que, por mucho que a algunas personas les apetezca mucho hacer ese trabajo, es un trabajo muy grande, con mucha responsabilidad. Tienes que estar preparado para transmitir mensajes e información del mundo de los espíritus que pueden o no ser bien recibidos, por diversas razones.

Por ejemplo, he canalizado a muchos seres queridos que abandonaron el mundo físico mediante el suicidio. Muchos de aquellos con los que me he sentado son padres, cónyuges, hermanos, y a menudo esperan oír del espíritu una respuesta a la gran pregunta de "¿por qué?".

A veces ni siquiera están seguros de si lo que le ocurrió a su ser querido fue realmente un suicidio o un accidente, y como Médium, tienes que estar preparado para explorar estas cuestiones con el espíritu. No suelen ser "conversaciones ligeras", y hace falta mucha habilidad para comprender lo que dice el espíritu, ya que algunos de los mensajes son muy sutiles, pero marcan una clara distinción entre algo como un suicidio o un suceso involuntario o apático. Y, por supuesto, hay una gran responsabilidad en transmitir correctamente el mensaje, ya que el espíritu (y tus clientes) cuentan contigo para representar al mundo espiritual y a la verdad misma.

Este tipo de lecturas suelen ser muy emotivas, y con razón. Pero como Médium entre el espíritu y sus seres queridos aquí, es muy importante ser lo más preciso posible con lo que se comunica, o podrías acabar causando angustia emocional a tus clientes. Incluso la palabra suicidio suele conllevar un estigma -una energía- que puede resultar difícil de sobrellevar para algunos. Desde este punto de vista, te animo a que estudies la posibilidad de utilizar una terminología diferente, por el bien de quienes no puedan manejar eficazmente una respuesta visceral a la palabra en relación con su propio ser querido. Con esto no pretendo en absoluto que dejes de trabajar con clientes que se enfrentan a algo tan emotivo como la pérdida de un ser querido por suicidio. De hecho, todo lo contrario. Creo que si hay más Médiums ejerciendo, habrá más sanación a escala mundial y, lo que es más importante, la verdad de que, independientemente de cómo dejemos este mundo, todos vamos al mismo lugar, se difundirá más ampliamente. Pero también debo subrayar la importancia de reconocer el inmenso impacto que tu trabajo puede tener en alguien, así que, por favor, por favor, por favor, tómate en serio tu crecimiento y desarrollo como Médium... y haz fielmente tu tarea.

Recuerdo una vez en la que una familia se sentó conmigo para una lectura: papá, mamá e hija. A los pocos segundos de sentarse, un joven dio un paso adelante y chasqueó los dedos (mi símbolo de que su fallecimiento fue rápido, repentino o inesperado). Entonces me transmitió la sensación de caer. Pero no había miedo: fue por elección. Comprendieron inmediatamente que su hijo y hermano estaba con nosotros en ese preciso momento. Me sentí honrada de hacer pasar a este amoroso joven por muchas razones, siendo la más importante ayudar a sus padres y a su hermana a comprender que estaba bien y perfecto en el otro lado. Su vibración, su estado de ser, su energía al final de su vida física era completamente opuesta a cómo se sentía ahora, en casa, en el otro lado. Su energía era alegre y amorosa. Y para ellos era muy importante saber que el alma de su hijo y hermano existía en el mismo lugar que la de los demás, y que era feliz. Seguían luchando contra el estigma asociado al suicidio, y luchaban aún más por saber por qué había ocurrido. Me gusta pensar que les ayudé de algún modo a comprender, a través del espíritu, por qué ocurre a veces.

Verás, el espíritu me ha confirmado que cuando ocurre algo como un suicidio, normalmente se debe a que cuando planificamos nuestras vidas durante el proceso de planificación previo al nacimiento, calculamos qué parte de nuestra alma necesitamos llevar con nosotros para superar la vida. Pero debido a las elecciones de libre albedrío que hacemos por el camino, a veces nuestros mejores planes no se cumplen tan fácilmente, y la vida es más difícil de lo que habíamos planeado. Es entonces cuando necesitamos más energía de la prevista para continuar a lo largo de la vida. Puedes compararlo con una cuenta bancaria: depositamos una determinada cantidad de fondos (energía del alma) en la cuenta, destinados a mantener nuestra vida aquí. Pero si agotamos ese recurso energético antes de nuestro momento previsto de salida, ¿cómo podemos continuar? Pues el espíritu me dice que la respuesta es que no podemos. Así que salimos antes de la hora prevista originalmente. Y aunque hay muchas lecciones del alma que aprender de este tipo de vidas, seguimos volviendo a ese lugar tan hermoso. Y eso es lo que quería que supieran ese día el padre, la mamá y la hermana de este joven. Que su hijo y hermano simplemente no podía continuar y, a nivel del alma, sabía que tenía que irse.

En mi carrera como Médium, he trabajado con familias que perdieron a sus seres queridos de multitud de formas. Junto con el suicidio, otra forma de fallecimiento que ha resultado excepcionalmente difícil de sobrellevar para las familias es el homicidio. Una vez trabajé en un caso sin resolver en el que nunca se localizaron los cuerpos de las víctimas. Cómo empecé a trabajar en el caso fue bastante interesante, porque no tenía ni idea de que estaba canalizando el espíritu de una persona desaparecida cuando empecé la lectura.

Una tarde de primavera, me reuní con un maravilloso caballero mayor para una lectura y empezó a traer a través de él a un joven varón del mundo de los espíritus. A lo largo de la lectura sentí que algo era diferente en comparación con una lectura habitual o típica. Cuando el chico de los espíritus habló de su fallecimiento, había misterio, algo dudoso. Pero también habló de recuerdos, momentos y hechos hermosos y asombrosos de su vida. Incluso describió vívidamente una foto suya y una bicicleta nueva que quería reconocer, a lo que su padre (después de la lectura) respondió sacando de su cartera un recorte de periódico con una foto de su hijo ganando una bicicleta nueva. Según supe después de la lectura, ese recorte de periódico había estado guardado en su cartera durante más de treinta años, y era el anuncio de "persona desaparecida" de su hijo en el periódico local.

Una vez terminada la lectura, hablamos abiertamente de lo ocurrido con su hijo, y fue entonces cuando me enteré de que la desaparición de su hijo era un caso sin resolver y nunca se encontró el cadáver. Así pues, para este padre, que nunca recibió ninguna prueba física de que su hijo ya no estaba aquí en el mundo físico, yo acababa de aportar pruebas significativas de que la persona a la que canalizaba desde el mundo espiritual era su hijo. Esta experiencia concreta, que fue la primera de muchas con este encantador señor mayor y las personas cercanas a él, fue para mí un recordatorio significativo de la inmensa responsabilidad que tengo al trabajar como Médium.

Su hijo había desaparecido con otro chico casi treinta años antes. Unos meses después de sentarme con mi cliente por primera vez, mi amiga y colega Lynn y yo visitamos la propiedad a petición, y guiadas por el espíritu recorrimos la ruta que tomaron los chicos aquella misteriosa noche. Lynn trabajó con el espíritu y varas adivinatorias para reafirmar las direcciones por las que caminábamos, y yo trabajé únicamente con el espíritu. Pasamos casi dos horas recorriendo esta propiedad rural y, mientras lo hacíamos, Lynn y yo estábamos físicamente separadas la una de la otra. Yo iba delante del grupo y Lynn iba justo detrás. Cuando el espíritu se presentaba con información específica, yo me volvía hacia Lynn y a menudo decíamos simultáneamente lo mismo, lo cual era una prueba de que el espíritu estaba presente y nos guiaba. Gran parte de la información ofrecida por los chicos fue validada de algún modo por otras personas que estaban presentes para observar nuestra investigación. La información que ha seguido siendo un misterio durante décadas nos fue comunicada sin esfuerzo por el espíritu aquel día. Los chicos nos mostraron cómo se separaron unos de otros, cómo fueron asesinados y por quién. Compartimos esta información con la familia, que nos informó de que gran parte de la información es lo que habían sospechado durante todos estos años. Pero aún así, nunca ha habido pruebas concretas e irrefutables que lo demuestren, y mi cliente sigue sin poder cerrar el caso. Todas estas experiencias fueron recordatorios significativos de la inmensa responsabilidad que tengo al trabajar como Médium, y de cómo tenemos que cuidar especialmente los corazones para los que trabajamos.

Puede parecer difícil de creer que, como trabajador espiritual, sea posible causar daño a alguien que se sienta contigo para una lectura. Puede ser difícil de creer, porque seguramente tus intenciones están en el lugar correcto, pero ciertamente existe una delgada línea entre entregar información del espíritu exactamente como te la dan, y entregar información del espíritu que, con tu interpretación, deja a tu cliente sin poder o angustiado.

Te daré un ejemplo de un Médium que deja a un cliente sin poder, confuso e incómodo. Lo creas o no, ¡yo era el cliente! Hace unos años visité una comunidad espiritista bastante importante, y aunque no necesitaba sentarme con otro Médium, seguí el concepto de "Cuando en Roma...". Así que me senté con un Médium y, de buenas a primeras, le hice saber que yo también era Médium. Supuse que, como era una trabajadora espiritual, no necesitaba protegerme y que podía confiar en ella de algún modo, porque seguramente su corazón estaba en el lugar correcto. Pues bien, en cuanto empezó la lectura, me quedó claro que la precisión no sería el fuerte de este Médium. Y en lugar de obligarla a hacer el trabajo de proporcionar información precisa y detallada, acepté descripciones vagas de las cosas porque, como Médium que soy, sabía lo que el espíritu intentaba decir. Pero nunca debí hacerlo, y tú tampoco deberías. Un Médium tiene un trabajo, ¡deja que lo haga!

La lectura continuó así durante un rato, y cuando nos acercábamos al final me preguntó si había alguien más a quien quisiera escuchar. Le dije que no, pero mencioné a alguien relacionado conmigo que raramente se comunica con otros colegas Médium cuando trabajo con ellos. Entonces, sin proporcionar validación, dijo que estaba conectada con esa persona que yo había mencionado en espíritu. Dijo que mi ser querido, del que no tengo noticias a menudo, no había llegado al otro lado, y que seguía rondando por donde solía vivir. Dijo que mi ser querido desaprobaba el trabajo espiritual que yo estaba haciendo, y que en términos de progresión a nivel del alma, mi ser querido no había hecho ninguna. Mi mandíbula. En el suelo.

Mientras las palabras salían de su boca, ni una pizca de ellas me sonaba a verdad. Pero aún así, ¿de dónde había sacado eso? Me debatía entre confiar en mi yo superior y dudar de todo el trabajo que había hecho hasta entonces. ¿Podría tener razón este Médium? Si era así, ¿cómo es que yo nunca me había dado cuenta? Salí de la lectura sintiéndome disgustada por la experiencia. Medité sobre ello y compartí la información con los amigos que viajaban conmigo. Todos meditamos y todos nos dimos sanación para superar la confusión energética que se estaba produciendo en mis entrañas y en las suyas.

Al salir de aquel lugar, fui plenamente consciente de que se trataba de una tremenda oportunidad de crecimiento y aprendizaje para mí. Que alguien trabaje con la luz (o afirme hacerlo) no significa nada. Una experiencia genuina, amorosa y guiada por el espíritu tiene que producirse de forma auténtica, y no es buena idea dejarse llevar cuando se trabaja con alguien a quien no se conoce, aunque sea un practicante espiritual. Creo que la mejor manera de trabajar con un Médium o un sanador espiritual es empezar con el corazón abierto, pero guíate por tus instintos, por tu intuición. No aceptes cosas que no suenen verdaderas, que no te parezcan correctas en el fondo de tu alma. No estás obligado a aceptar o creer todo lo que alguien dice sólo porque hayas elegido sentarte con él para una sesión espiritual. Tienes derecho a decidir cuál es tu verdad, y te animo a que te mires a ti mismo para ser el juez durante la formación de tu propia verdad personal. No un gurú, ni un practicante avanzado, ni un mentor: tú. Sólo tú. Mi experiencia con aquel Médium aquel día volvió a recordarme la inmensa responsabilidad que tengo como Médium.

En mediumnidad, siempre te animo a dar lo que recibes, es decir, si el espíritu te muestra una habitación llena de cajas, dile a tu cliente que el espíritu te está mostrando una habitación llena de cajas. Si no puede entenderlo literalmente, puedes pasar a la simbología: si se está mudando, si alguien importante se está mudando, si su ser querido trabajaba en el sector inmobiliario, etc. Pero si el espíritu te muestra algo que tal vez parezca negativo o que no te apoya, o cuestionable en términos de lo que parece luz y amor, tienes que considerar ser muy cuidadoso sobre cómo vas a articular el mensaje a tu cliente. Más allá de eso, también tienes que cuestionar tu propia percepción e interpretación de lo que el espíritu te está mostrando, porque su verdadera naturaleza es el amor, el apoyo y la luz. Si sientes algo que se aleja de esa verdadera naturaleza, entonces simplemente te sugiero que te sientes con la información un poco más, le pidas al espíritu que la elabore o aclare, y la consultes con tu guía espiritual antes de decidirte a compartir tu interpretación con tu cliente.

Lo que dices a tus clientes tiene el poder de iluminarles y elevarles, y a la inversa, tus palabras tienen la capacidad de restarles poder y herirles. Así que ten mucho cuidado con la forma en que dices los mensajes del mundo espiritual. Porque, al fin y al cabo, estamos trabajando con el espíritu para ayudar a proporcionar lo mejor y más elevado para todos.

CAPÍTULO 12
Algunas Palabras Finales del Espíritu

Con el tiempo empezarás a darte cuenta de que hay mensajes comunes que el espíritu transmite. Estos mensajes también serán clave en lo que forma tus propias verdades personales sobre ciertas cosas espirituales, porque verás que los mensajes se repiten una y otra vez desde el mundo espiritual. A través de estos mensajes también llegarás a saber realmente la verdadera naturaleza del espíritu, ¡que es amor!

Siempre digo que hay dos razones por las que los espíritus conectan con nosotros durante la mediumnidad. La primera es porque quieren que sepas que están bien, que siguen existiendo y que tú también lo harás, porque todos somos almas de conciencia que sobreviven a la muerte física. Y la segunda razón es para ayudarte a sanar mediante mensajes.

Los que estamos aquí, en el mundo físico, y hemos perdido a alguien, a menudo nos preguntamos si está bien: ¿está a salvo, nos echa de menos, está sano ahora? Puedo decirte, por mi experiencia, que la respuesta a esas preguntas es siempre afirmativa. Lo que sé por el espíritu es que cuando pasamos y nos despojamos de nuestros cuerpos físicos, nos reciben nuestros seres queridos que pasaron al espíritu antes que nosotros, así como nuestros ángeles y guías. Durante ese periodo de transición al espíritu (que, por cierto, puede ocurrir antes de nuestro último aliento físico aquí en la Tierra), no hay miedo ni dolor. Hay calidez, comodidad, facilidad, dicha.

Aunque sé que esto es cierto desde el punto de vista espiritual, te animo a que investigues un poco sobre el tema de las Experiencias Cercanas a la Muerte. Seguro que encontrarás pruebas extremadamente convincentes que apoyan la creencia de una vida después de la muerte. Muchos relatos serán excepcionalmente similares entre sí: relatos de totales y completos desconocidos que parecen experimentar la consciencia tras la muerte física. Las Experiencias Cercanas a la Muerte son un tema fascinante y se pueden dedicar muchísimas horas a investigarlo.

¿Qué más suele decir el espíritu en sus mensajes a través de los Médiums? ¡Probablemente podría escribir varios capítulos sólo sobre ese tema! Pero aquí compartiré contigo sólo algunos de los mensajes más comunes del cielo.

1. Su fallecimiento no pudo evitarse. Tantos seres queridos que quedan atrás luchan con la pregunta de si podrían haber hecho algo de otra manera y se habría evitado la muerte. La respuesta del Espíritu es siempre la misma. Es "no". En las lecturas de mediumnidad en las que se menciona esta pregunta, el espíritu suele pedirme que explique la idea o el concepto de planificación prenatal. Para que comprendas este mensaje habitual del espíritu, te daré una visión muy elemental y breve de lo que es la planificación prenatal, y te animo a que aprendas y comprendas este concepto con mayor profundidad como parte de tu práctica evolutiva.

La planificación prenatal es un concepto y una realidad espirituales, y consiste en que planificamos las principales lecciones y acontecimientos de nuestra vida, incluido el momento de nuestro fallecimiento (que puede ser una elección entre varias opciones, comúnmente referidas como "puntos de salida"). Ideamos nuestro plan previo al nacimiento mientras estamos en el otro lado, antes de encarnar en esta vida. Elegimos las lecciones que planeamos porque, a nivel del alma, es lo que necesitamos experimentar para progresar. Y todas esas lecciones y experiencias que planeamos para nosotros son consentidas por todos los demás miembros de nuestro grupo de almas. Esta parte de la teoría de la planificación previa al nacimiento puede ser una píldora difícil de tragar para la gente que pierde a alguien cercano, porque implica que acordaron, como parte de su contrato sagrado entre ellos y su ser querido, que lo perderían de la forma y en el momento en que lo hicieron. Muchas personas han dicho: "No puedo creer que aceptara perder a mi hijo" o "No puedo creer que aceptara ver sufrir tanto a mi ser querido". Comprendo esos sentimientos, pero para mí, no puedo discutir un punto que se ha comunicado tan interminablemente y sin renuncias ni variaciones desde el cielo.

El concepto de planificación prenatal sugiere que no podemos cambiar las principales lecciones a aprender que planeamos originalmente para nosotros mismos. Pero seguimos teniendo libre albedrío que puede determinar si acabamos aprendiendo las lecciones elegidas y cómo lo hacemos. Podemos elegir cómo respondemos a las cosas que nos ocurren. Podemos elegir crecer, sanar, expandirnos. Alternativamente, podemos elegir no recuperarnos, no abrazar el amor, no crecer. Estas elecciones de libre albedrío pueden determinar cómo llegamos a cumplir las lecciones de nuestra vida y, de hecho, pueden determinar que no lleguemos en absoluto.

Si no aprendemos, sanamos y crecemos a partir de nuestras lecciones preestablecidas durante esta vida, es seguro que viviremos experiencias similares en vidas posteriores hasta que hayamos dominado esas lecciones. Por ejemplo, imagina a una persona con el corazón roto por las indiscreciones de su cónyuge, y que durante años y años, en contra de los ánimos de la gente de su entorno para sanar, se aferró con fuerza a la ira, a la traición. Su estado normal se convirtió en una vibración muy baja, y la vida dejó de inspirarles. Incluso hasta su último día en la Tierra, no pudieron dejar que la luz de la felicidad y el amor entrara en su vida. El Espíritu dice que, en algún momento entre el momento en que se enteraron de la indiscreción y el momento en que fallecieron, pudieron elegir cómo responderían al obstáculo. Podían responder como lo hicieron, y no sanar, no crecer a partir de ello, no sobrevivir a ello. O podían haber hecho mucho más. Podían haber elegido la sanación, que es lo que nuestra alma pretende que ocurra, pero no siempre funciona así. Por eso, cuando elegimos no aprender las lecciones que hemos planeado, acabamos repitiéndolas, energéticamente hablando, ya sea en esta vida, reciclándonos a través de los mismos patrones negativos, o en la siguiente, en la que podríamos esperar que nos ocurrieran las mismas cosas para crear la oportunidad de aprendizaje para que nuestra alma se cure una vez más.

2. Ellos son felices y quieren que tú también lo seas. El espíritu nunca lleva consigo la ira, el resentimiento, la desaprobación o la discordia. Sólo saben amar. En las lecturas, la gente suele decir algo así como: "No sé por qué mencionan a mi tía Marie, nunca se llevaron bien". Pero ésa es exactamente la razón por la que la mencionan: porque quieren que sepas que están enviando amor, y que en el cielo no hay juicios, y el conflicto no hace la transición al espíritu, porque la baja energía del conflicto, la ira y el odio simplemente no puede sostenerse en una vibración tan abrumadoramente alta.

Otra cuestión que a veces surge durante las lecturas es si a un ser querido espiritual le parece bien que su pareja salga o conozca a alguien nuevo. Y de nuevo, la respuesta es siempre afirmativa (a menos que haya algo específico sobre la nueva persona en la vida de su cónyuge que no le entusiasme exactamente). Los seres queridos del otro lado siempre quieren tu felicidad, y eso casi siempre significa seguir adelante con tu vida, al ritmo que sea adecuado para cada individuo. Quieren que volvamos a encontrar el amor, sea como sea.

El espíritu también me hace saber que ellos no nos "echan de menos" como nosotros a ellos. Es diferente. Están tan profundamente conectados con nosotros desde el otro lado. En muchos sentidos, están más profundamente conectados con nosotros ahora que cuando estaban aquí. La tristeza es una emoción que sencillamente no existe en el otro lado. El amor lo abarca todo, y nuestro tiempo separados de nuestros seres queridos espirituales se mueve mucho más deprisa en el otro lado, donde el tiempo y el espacio no son lineales como los percibimos aquí. Por lo que sé desde el espíritu, nuestro tiempo físicamente separados de ellos, desde su perspectiva, es más rápido que un abrir y cerrar de ojos.

3. Están contigo a menudo e intentan hacértelo saber. El espíritu está con nosotros a menudo, cuando lo necesitamos o queremos que esté, o cuando quiere estar aquí. Lo que sé del espíritu es que nos da señales de que está con nosotros. Cuando somos capaces de reconocer esas señales procedentes de ellos (por ejemplo, decimos: "Gracias, papá, sé que estás aquí"), se ponen eufóricos. Sienten una enorme alegría cuando sabemos que están aquí.

Hay algunas señales comunes del espíritu que, una vez señaladas, son fáciles de reconocer. Incluyen pensar en tu ser querido al azar y aparentemente de la nada (esto significa que está cerca de ti). Podría sonar el teléfono y, cuando lo coges, no hay nadie, o una mariposa o un pájaro podrían llamarte la atención o acercarse inusualmente a ti. Podrías encontrar una moneda de diez centavos o un penique en un lugar inesperado, o los niños podrían hacer referencia a un ser querido al que nunca conocieron o del que no se acuerdan. O podrías ver u oír el nombre de un ser querido en algún lugar inesperado. Mirar el reloj cuando marca las 11:11, 1:11, 3:33 u otro número repetitivo es otra señal segura de que el espíritu está cerca de ti. El Espíritu también puede dar una señal que sea muy exclusiva de ellos. Por ejemplo, una señal de mi padre cuando está cerca es la Torre Eiffel, que se relaciona con algo especial para mí. Verás, mi apellido antes de casarme era Latour, que es un apellido francés. La Torre Eiffel en francés se escribe la Tour Eiffel. Así que cuando veo la Torre Eiffel, también veo el apellido de mi padre: ¡Latour! El espíritu también puede transmitirnos la percepción de un olor, como un perfume, un aftershave o incluso el humo de un cigarrillo o un puro.

Poco después de tener a mi hijo, una mañana estaba tumbada en la cama con él cuando mi suegra en espíritu se adelantó. Hablamos durante mucho tiempo sobre mi hijo, su primer nieto. Le pedí una señal o símbolo para que la gente reconociera cuando ella estaba cerca. Sorprendentemente, me mostró una espiral. Le pregunté por qué había elegido ese símbolo, pero no me contestó, sólo sonrió. Al cabo de una semana, el símbolo de la espiral empezó a inundar nuestras vidas: la mía, la de mi marido y la de nuestros hijos. Fue increíble.

El primer signo vino de mi hija, que lo dibujó en la puerta de la regadera y dijo: "Mira mamá, es un mareo". Le pregunté dónde había aprendido ese símbolo y, como era de esperar, me dijo que no lo sabía. Una semana después estaba visitando a mi caballo y, al pasar por delante de la puerta de su cuadra, me dio un vuelco el corazón. En el establo de Ralphie había dibujada con tiza una espiral. Me reí y exclamé para mis adentros: "¡No puede ser!". Lo siguiente fue un par de semanas después de aquello, y estábamos en una reunión familiar en una zona protegida. A las pocas horas de la reunión tuve que salir, pero Ryan se quedó con August y Culzean. Aproximadamente una hora después de salir, Ryan me envió una foto de un trozo de confeti que encontró debajo de la silla en la que yo estaba sentada. ¿Adivinas qué forma tenía? Atinaste: ¡una espiral! Este es un pequeño puñado de la señal en espiral que mi suegra nos ha regalado y sigue regalando. Siempre es maravilloso ver sus signos a nuestro alrededor.

Te animo a que compartas con los demás estos signos y símbolos comunes del espíritu. Hay mucha gente que no tiene ni idea de que cuenta con el apoyo del mundo espiritual, y puede que les alegre el día, o la vida, aprender o experimentar las señales por sí mismos.

4. Quieren que abraces el perdón. El perdón tiene que ver más contigo que con la persona a la que perdonas. Practicar el perdón nos libera de las garras de la ira y el resentimiento. De hecho, podemos perdonar a alguien sin decirle nunca que lo hacemos, porque perdonar no consiste necesariamente en dar a otra persona, sino en darnos a nosotros mismos el alivio que supone dejar de sufrir la ira, el resentimiento y el dolor.

Recuerdo una lectura con un cliente en la que su madre dio un paso al frente, y a los pocos minutos estaba hablando del nombre de una mujer a la que mi cliente detestaba. Se estremeció al oír el nombre salir de mi boca. En cuanto sentí su reacción energética, supe que el espíritu sacaba el tema porque estaba animando a perdonar. Verás, mi clienta responsabilizaba a esa mujer de la muerte de su padre. Se aferraba con tanta fuerza a esa rabia y tristeza, que su madre le estaba pidiendo que considerara la posibilidad de liberar esas emociones por su bien mayor.

Según supe más tarde, mi clienta había experimentado recientemente una visita en sueños de aquella mujer cuyo mero nombre le repugnaba (esa mujer estaba ahora en espíritu). No podía entender por qué la visitaba, pero ahora comprendía, tras comunicarse con su mamá en el otro lado, que su equipo de ayudantes espirituales le pedía que aceptara el perdón. La opresión que sentía en el pecho era cada vez más fuerte, y desde la perspectiva amorosa y omnisciente del espíritu del otro lado, le estaban dando a entender que había llegado el momento de la sanación.

Fíjate en que cuando hablo de mensajes o directrices del espíritu, utilizo palabras como "considerar" o "animar" en lugar de "decir". El Espíritu rara vez da directrices, porque no puede tomar decisiones por ti. Y no lo harán. Pero pueden darte parte de su visión y perspectiva, que siempre es esclarecedora y útil.

Una gran mentora, amiga y colega mía es Lynn, a quien he mencionado varias veces en este libro. Lynn ha pasado la mayor parte de su vida trabajando en el ámbito de la justicia, en particular en el de la justicia reparadora. La justicia restaurativa es un tipo de justicia penal que se centra en la rehabilitación de los delincuentes mediante la reconciliación con las víctimas y la comunidad. Lynn pasó muchos años siendo pionera en programas de justicia reparadora, y también es un Médium de increíble talento, sanadora, psíquica, practicante chamánica y maestra convencional. Enseñar a perdonar es una parte importante del trabajo de su vida, y dado que el mensaje de abrazar el perdón se transmite desde el mundo espiritual con tanta frecuencia, me sentí honrada cuando Lynn accedió a compartir su sabiduría sobre el tema contigo para este libro.

El Viaje del Perdón
By: Lynn Zammit

El perdón es un viaje que cada alma emprende mientras se esfuerza por alcanzar la perfección o la iluminación. Cuando nos han hecho daño de alguna manera, nuestra primera reacción suele ser de pena, miedo, ira, resentimiento o venganza. Si no encontramos formas sanas de liberar estas emociones negativas, se convierten en parte de lo que somos, tanto energética como emocionalmente, y este "malestar" en el cuerpo suele manifestarse finalmente como enfermedad. Para algunos, estas emociones negativas llegan a definir quiénes y qué somos. Podemos vernos a nosotros mismos como "víctimas" y, como tales, mirar al mundo a través de una lente victimista, definiendo quiénes somos por lo que nos ha ocurrido. Las investigaciones médicas demuestran que quienes no pueden perdonar los daños que se les han hecho tienden a tener indicadores negativos de salud y bienestar, incluidos más trastornos relacionados con el estrés, una menor función del sistema inmunitario, mayores tasas de enfermedades cardiovasculares, así como mayores tasas de divorcio. Para las víctimas de los crímenes más atroces, encontrar la fortaleza para perdonar puede ser increíblemente sanador y reafirmante. Les ofrece un camino de vuelta a la luz.

El perdón también es un antídoto poderoso para los que causan daño. Se puede encontrar mucha sanación cuando se puede perdonar a quienes han causado daño. Cuando reconocemos que esa persona que nos hizo daño es algo más que esas malas acciones, cuando podemos verla también como una persona que se perdió por el camino o que quizá también fue víctima en algún momento de su vida, po-

demos ayudarla también a seguir adelante. Los que han causado daño a menudo se sienten indignos de nuestro perdón y ese autoperdón es una parte muy importante de su viaje del alma, para verse a sí mismos como dignos de perdón y amor.

En los innumerables estudios sobre el poder del perdón, la investigación muestra claramente que, en última instancia, el perdón no es algo que hagamos por la otra persona, sino algo que hacemos por nosotros mismos. Es soltar el poder que el daño tiene sobre ti. Es liberar todas las emociones negativas asociadas al daño para que puedas dejar esa carga. No es excusar el comportamiento dañino, ni fingir que no ocurrió, sino permitir que el alma supere el dolor, recoja los pedazos rotos y siga adelante con la tarea de vivir la vida que se supone que debes vivir. El perdón nos permite escribir nuestro propio final para ese capítulo doloroso. Es liberar la esperanza de que las cosas podrían haber sido diferentes.

A nivel espiritual, si podemos empezar a ver el plan del alma para nuestras vidas, podremos reconocer que quienes nos han hecho daño también han hecho posible que aprendamos algunas de las lecciones más importantes de nuestra alma. Esta conciencia del asombroso poder del perdón se expresa a menudo durante una Regresión a Vidas Pasadas, cuando el alma de la vida pasada del cliente ha abandonado el cuerpo y viaja al otro lado. Es en ese momento cuando hacemos una revisión de la vida y la mayoría de las veces expresan una profunda comprensión de por qué otras personas actuaron como lo hicieron. En ese nivel superior del alma empezamos a darnos cuenta de que la mayoría de las personas hacen lo mejor que pueden hacer dadas las circunstancias, con los conocimientos, habilidades y comprensión que poseen. Cuando sabemos más, hacemos mejor. A medida que el alma pasa por encima, este torrente de perdón la llena al ver a cada persona como el ser divino que es. A veces, durante el trabajo de sanación chamánica tenemos que remontarnos a través de una línea ancestral y ofrecer perdón y sanación a las generaciones pasadas para limpiar las energías que se transmiten de padres a hijos.

No es casualidad que trece de las principales religiones del mundo compartan la misma enseñanza que, en la versión cristiana, nos pide que "hagamos a los demás lo que queramos que nos hagan a nosotros". En nuestras muchas vidas, todos hemos sido santos y pecadores, mendigos y reyes. Nos vendría bien recordar que el perdón es una puerta que oscila en ambos sentidos. Cuando nuestros seres queridos del otro lado vienen con mensajes de perdón es porque comprenden el poder que tiene... a ambos lados del velo.

Espero que, al leer este libro, te hayas expandido de alguna manera para permitir la entrada del espíritu. Tienes todo un equipo de ayudantes en el otro lado: tus ángeles, guías, seres queridos y la fuente divina, que quieren ayudarte. A medida que evolucionamos y llegamos a conocer el mundo espiritual, se produce la sanación y todo cambia a nuestro alrededor. Si has leído este libro, es probable que te encuentres entre las personas guiadas para tender un puente entre este mundo y el siguiente. Es un honor para mí haberte ayudado en ese importante viaje, ¡y te deseo el amor y la luz más elevados! Toma esa luz, esa verdad, y repártela por el mundo.

www.ingramcontent.com/pod-product-compliance
Lightning Source LLC
Chambersburg PA
CBHW070200100426
42743CB00013B/2986